# DISSERTATIONS

SUR

## LES PROJETS DE COUPOLES

DE LA HALLE AU BLÉ DE PARIS.

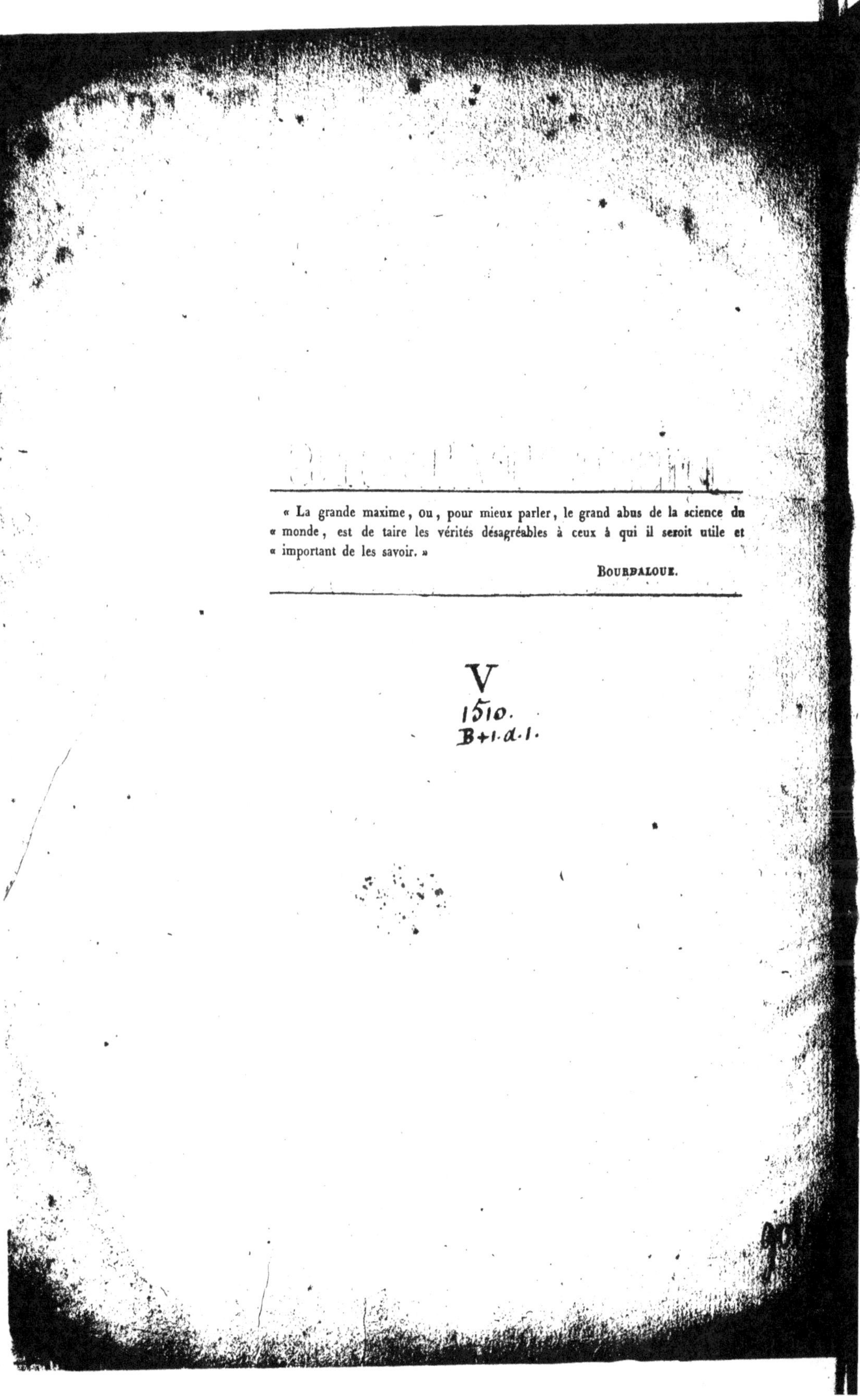

« La grande maxime, ou, pour mieux parler, le grand abus de la science du
« monde, est de taire les vérités désagréables à ceux à qui il seroit utile et
« important de les savoir. »

BOURDALOUE.

# DISSERTATIONS

## SUR LES PROJETS DE COUPOLES

### DE LA HALLE AU BLÉ DE PARIS,

ET

DES MOYENS DE CONFORTATION DES MURS EXTÉRIEURS

CONTRE

LA POUSSÉE DE LA VOUTE ANNULAIRE DE CET ÉDIFICE;

PRÉCÉDÉES

## DES PRINCIPES GÉNÉRAUX ET PARTICULIERS

SUR LA CONSTRUCTION DES VOUTES, DES PÉRISTYLES, DES FRONTONS,
ET DES SUPPORTS DES DOMES.

PAR CHARLES-FRANÇOIS VIEL,

Architecte de l'Hôpital général, Membre du Conseil des travaux publics du département de la Seine, et de la
Commission spéciale au Ministère de l'Intérieur, chargée de l'examen des projets de coupoles de la Halle.

A PARIS,

Chez {
L'AUTEUR, rue du faubourg St.-Jacques, près le Val-de-Grace.
TILLIARD frères, libraires, rue Pavée-St.-André-des-Arcs, n°. 16.
GOEURY, libraire, quai des Augustins, n°. 41.

Juin 1809.

IMPRIMERIE DE H. L. PERRONNEAU.

# AVIS.

Les circonstances particulières où je me suis trouvé, d'avoir
à m'expliquer officiellement sur les projets de coupoles pour
la Halle au blé, présentés au Gouvernement, et sur les
moyens de confortation à faire aux murs extérieurs de cet
édifice, contre la poussée de la voûte annulaire des greniers;
ces circonstances m'ont déterminé à composer un corps d'ouvrages des dissertations auxquelles j'ai dû me livrer dans
l'examen de ces deux grands sujets d'ordonnance et de
construction.

Dès les premiers travaux au Conseil du département,
en 1806, pour l'étude des projets de coupoles, je conçus
l'idée de faire, de mes recherches, une dépendance des
chapitres des voûtes, des péristyles, des frontons, et des
supports des dômes, qui entroient dans le plan de mon
*Traité d'Architecture*, et qui devoient être compris dans
la seconde partie.

Aujourd'hui, considérant l'impossibilité de réunir et ces
dissertations, qui ont acquis un développement nécessaire,
et les principes généraux sur la construction des voûtes, etc.,
dans le second volume de mon Œuvre, je me suis décidé
à former, de ces matériaux, et de divers aujres sujets analogues, les différens Mémoires sur les piliers du dôme du

Panthéon français ( Ste.-Geneviève ), une troisième partie des Principes de l'ordonnance et de la construction des bâtimens.

DE cette distribution nouvelle, il résulte un quatrième volume, qui comprend la collection des planches des édifices que j'ai construits, précédée de mon Discours, *Des Anciennes études de l'architecture*, des Articles sur les hôpitaux de la capitale qui me sont confiés, et où j'ai exécuté de grands travaux (1) : ce même volume contient le monument consacré à l'histoire naturelle, projeté sur les terrains du Jardin des plantes, à Paris, dédié, en 1779, au célèbre Buffon; il est terminé par deux Notices nécrologiques, l'une du statuaire distingué, Ch. A. Bridan; l'autre, de M. Davy-Chavigné, amateur éclairé des beaux-arts, et auteur de compositions d'architecture estimées (2).

(1) Il ne me reste plus à livrer à l'impression que ces Notices. L'ouvrage que je publie à cette époque complète l'exécution des sujets qui composoient le plan général de mon *Cours d'architecture*, *sur l'ordonnance et la construction des bâtimens.*

(2) Le rapport fait et publié en mai 1806, par M. Davy-Chavigné, sur mon chapitre : *De la solidité des bâtimens*, *etc.*, renfermant des détails historiques sur le Panthéon français, qui ont fixé l'attention des artistes et des amateurs des beaux-arts, ce rapport sera réimprimé à la fin de mon quatrième volume, à raison de l'intérêt qu'il réunit sur ce temple, qui a fourni un grand fonds d'observations dans le cours de mon ouvrage.

# SOMMAIRES

### DES

## CHAPITRES DES VOUTES.

# DISSERTATIONS

SUR LES PROJETS DE COUPOLES DE LA HALLE AU BLÉ.

---

## PREMIÈRE PARTIE (1).

*Avant-propos. De l'examen des coupoles ordonné par le Gouverne-ment.*

*Réflexions générales sur les projets de coupoles.*

*Coupoles de M. M***.*

*Coupoles de M. Rondelet.*

*Coupoles de MM. D*** , Giraud, B*** et L*** (2).*

* Extrait du registre des séances du conseil général des travaux publics du département de la Seine.

(1) Cette première partie est composée des différens rapports que j'ai faits au Conseil des travaux publics du département, à compter du 8 mars 1806, jusqu'à la fin du mois de mai suivant.

(2) Je ne nomme que les deux auteurs qui ont publié leurs projets par l'impression et la gravure.

SECONDE

(1) Cette seconde partie comprend les discussions que j'ai faites successivement au ministère de l'Intérieur, dans les séances de la Commission spéciale, ouvertes le 11 novembre 1806, et terminées le 20 août 1807.

(2) Je joins à cet Ouvrage un plan et une coupe gravés de la Halle au blé, sur lesquels j'ai dessiné les plans, les élévations et les coupes d'une coupole en pierre. La même planche offre les dessins de la confortation des murs extérieurs de la Halle, que j'ai composés.

B

## DES COUPOLES EN FER.

*Réflexions sur cette nature de voûte proposée pour couvrir la Halle.*

*De l'emploi du fer dans la construction des voûtes.*

*Des constructions supérieures de la Halle.*

*Avis de la Commission sur les coupoles en fer.*

* Procès-verbal de la reconnoissance des fondemens de la Halle au blé.

* Observations sur la Halle au blé, par M. Peyre, membre de la Commission (1).

(1) M. Peyre communiqua ses observations dans la séance du 20 août 1807, jour de la clôture des travaux de la Commission. La publication que j'en fais, est conforme à l'expédition qu'il m'en a donnée, pour être publiée dans cet Ouvrage.

# PRINCIPES GÉNÉRAUX

## ET PARTICULIERS

### SUR LA CONSTRUCTION DES VOUTES,

DES PÉRISTYLES, DES FRONTONS, ET DES SUPPORTS DES DOMES.

*Des Voûtes en général, et des principes de leur solidité.*

Je vais traiter des voûtes, de ces imposantes constructions qui couronnent avec tant d'intérêt, de grandeur, les portiques, les péristyles, les vestibules, les galeries des édifices publics de la première classe, et qui concourent si efficacement, à la majesté de l'ordonnance intérieure des temples; je vais parler des voûtes qui constituent les ponts, les aqueducs, tous monumens que règlent les principes fondamentaux de l'ordonnance, et qui, conséquemment, sont du domaine de l'architecture.

La tâche que j'entreprends est grande, la matière est difficile à manier; mais l'espoir d'être utile à l'art que j'exerce, et qui occupe tout entier mon esprit, a soutenu mes longues recherches sur un si beau sujet, et que mes fonctions particulières m'ont imposé d'autant plus d'approfondir. Je parois aujourd'hui, je le sais, devant un tribunal sévère, sans appel, le public, que les coteries, dont la voix est si puissante, ne peuvent corrompre, que les éloges exagérés, sans raison, ne peuvent surprendre; tribunal que la plus haute faveur dont jouissent un auteur, un artiste, n'importe la classe à laquelle

ils appartiennent, ne peut faire dévier dans ses jugemens ; tribunal
qui condamne au mépris, les critiques amères, fausses ou légères,
sur-tout, celles produites dans l'ombre, toujours inspirées par les motifs
les plus vils ; tribunal enfin, qui prononcera du degré de vérité, de
force, des principes que je publie sur les plus grandes parties de
l'art de bâtir.

La nature en tout notre guide et notre modèle, offre les formes
diverses et les premiers rapports qui appartiennent aux voûtes.

Ainsi tel un arbre qui s'élance dans les cieux, dessine en s'inclinant
des courbes de toutes espèces, et conserve dans ces états différens, les mêmes rapports dans la diminution de sa tige, entre son
axe et les dernières couches de ses fibres ; telle une voûte doit avoir
l'axe de ses voussoirs communs avec celui des murs qui la portent ;
et comme l'arbre éprouver une réduction progressive depuis l'origine de sa base jusqu'à la clef qui la ferme.

Les anciens qui ont créé l'architecture, ont saisi ces effets ; et ces
observateurs doués d'un esprit élevé, réfléchi, en ont fait dériver les
premières règles pour la solidité des voûtes ; déja la forme des arbres
leur avoit donné les principes de la diminution des colonnes qui
concourent si efficacement à la beauté des ordres d'architecture.

D'après ces types primitifs sur les colonnes et sur les voûtes, puisés
dans la nature ; progressivement, l'invention, le jugement et le goût
ont conduit les premiers architectes à convertir en lois positives, les
moyens propres à l'harmonie linéaire entre le tout et les parties d'un
édifice, harmonie qui donna naissance à l'art de bâtir, et qui en
est le fondement principal.

J'ai indiqué dans mon chapitre : *de la solidité des bâtimens puisée dans les proportions des ordres d'architecture* (1), la source immédiate des rapports généraux qui constituent la force des constructions; conséquemment celle des voûtes. Car, de même que l'épaiseur des murs est déterminée par la hauteur, leurs espacemens les uns à l'égard des autres, et leurs fonctions; de même l'épaisseur des voûtes est fixée par la grandeur de leur diamètre, le développement de leurs courbes, et selon leur espèce.

La première condition à remplir pour la solidité des voûtes, est la perfection dans la composition du plan de l'édifice Il faut donc, par des combinaisons heureuses, en faire concourir toutes les parties pour coopérer à la même fin, la force des voûtes, de telle manière toutefois, que dans les distributions des masses, l'on n'apperçoive aucun point comme auxiliaire, ni indirect contre leur poussée, et, pour tracer de pareils plans, il faut le concours du génie et de la science.

Les exemples suivans vont rendre sensibles ces propositions sur lesquelles repose toute la théorie de la construction des voûtes.

Le temple antique de Mars (2) à Rome, enrichi de péristyles à l'extérieur qui entourent *la cella*, est surmonté d'une voûte en plein cintre, un seul mur compose le corps de l'édifice sur chaque côté, et sert de soutien unique et naturel à cette voûte; aucun contrefort, aucun arc-boutant, aucun éperon parasite, ne deshonorent l'ordonnance du monument.

Il convient d'observer cependant, que la distribution simple du plan du mur du temple de Mars, ne suffit à sa grande voûte qu'à raison de son module moyen. Le plan de tout autre monument. dont les voûtes auroient *quarante*, *cinquante*, *soixante* pieds et

(1) Paris, 1806.     (2) Palladio, liv. IV.

plus, de diamètre, ne pourroit être d'une aussi simple composition;
il absorberoit des matériaux surabondans ; il feroit éprouver une
perte dans les surfaces, et reporteroit un pareil édifice aux premiers
âges de l'architecture.

UNE remarque à faire se présente sur ce point important de construction.

LES voûtes d'un grand module, principalement celles de *cinquante*, *soixante* et *quatre-vingts* pieds d'ouverture, sont beaucoup
plus difficiles à établir que les arches en plein cintre, l'espèce dont
il s'agit, de mêmes dimensions qui sont celles de nos plus beaux
ponts. La raison en est évidente : elle tient à ce que les voûtes des
ponts reposent sur des piles peu élevées, tandis que les voûtes des
grands édifices s'érigent sur des bases d'une élévation considérable.
De pareilles voûtes exigent le concours de points d'appui divers,
qui dessinent des distributions accessoires plus ou moins grandes,
proportionnellement au degré du module de la voûte ; tous points
d'appui, utiles à l'usage de l'édifice, et qui en deviennent les supports
puissans.

LES moyens de ce genre nous sont offerts dans l'un des plus grands
temples modernes, à Bologne, ( *S.-Pietro cattedrale metropolitana* ).

LE plan de ce temple, de forme parallélogramme, a deux cent
trente-sept pieds de longueur, non compris la saillie de trente pieds
d'un avant-corps à son chevet ; et d'une niche ; un péristyle hexastyle
de vingt-un pieds de largeur décore son frontispice ; la longueur totale
est de deux cent quatre-vingt-huit pieds, et la largeur hors-œuvre
de l'édifice, de cent cinquante-sept pieds ; le diamètre de la grande
voûte a soixante-quinze pieds.

Les distributions dans ce plan, habilement combinées, produisent des masses d'une résistance complète contre la puissance colossale de la voûte, qui a peu d'exemples (1). Les masses, à compter des pilastres qui décorent la nef du temple, jusqu'aux nuds des murs extérieurs, ont, sur chaque côté, quarante-trois pieds.

Ce temple moderne, si différent dans son plan des édifices antiques que je vais citer, offre cependant les mêmes rapports entre le diamètre, soixante-quinze pieds, de sa grande voûte et de ses soutiens, que ceux qui existoient au temple de la Paix à Rome, dont le diamètre est de soixante-dix-sept pieds cinq pouces, et les masses des distributions qui l'appuient, quarante-huit pieds.

De semblables rapports existent dans la salle principale qui occupe le centre du plan des Thermes de Dioclétien. La voûte de ce monument célèbre avoit soixante-seize pieds de diamètre, et quatre-vingt-treize pieds huit pouces de hauteur, sous clef; des distributions latérales opèrent le même effet de résistance que dans les deux temples précédens, l'un antique, l'autre moderne, contre l'énorme poussée de ces voûtes gigantesques.

Voilà les modèles que je présente pour faire connoître ma pensée sur les conditions obligées dans la composition du plan d'un édifice qui doit porter de grandes voûtes.

J'établis en principe, que les courbes d'une voûte quelconque,

---

(1) La grande voûte de St.-Pierre de Rome, cependant, est plus grande; son diamètre est de soixante-dix-huit pieds, et sa hauteur sous clef, cent trente-six pieds sept pouces : aucun édifice, ancien et moderne, n'offre rien d'égal en dimension et en magnificence,

Dans le plan de St.-Pierre, digne du génie de Michel-Ange, les distributions accessoires, qui servent si heureusement d'appui aux grandes voûtes, sont, dans les parties les moins fortes, égales dans leurs dimensions (soixante-dix-huit pieds) à celle de leur diamètre.

sont la continuité des murs droits au-dessus desquels elles
Ces courbes ne diffèrent de leurs bases, que par leurs diverses in-
clinaisons ; et de ces positions différentes, résulte l'accroissement
plus ou moins considérable à donner aux parties verticales des murs,
au-delà de leur épaisseur naturelle ; accroissement combiné du développement des parties inclinées, avec l'action que dans leur état
particulier, et celui de l'espèce de leur coupe, elles exercent contre
les murs, et selon la nature de leur plan.

Quoique l'épaisseur propre des voûtes soit réglée d'abord, par leurs
diamètres, elle éprouve des différences, selon la forme du plan ;
l'espèce de la coupe, plein cintre, elliptique, ogive, etc., dans des
rapports que nous établirons dans ce chapitre ; selon encore la nature et l'échantillon des matériaux qui construisent les voûtes, et
qui influent également sur leurs supports.

C'est pourquoi dans toute composition de voûtes, l'épaisseur en
doit être fixée avant celle des murs qui doivent la porter.

Cet ordre de procéder est commandé impérieusement, pour
établir avec certitude la force de leurs points d'appui. S'écarter de
cette règle, est compromettre le sort du monument qui est surmonté par des voûtes. Il en est de même pour les plafonds, les
plates-bandes dans les portiques, les péristyles, et pour les dômes,
à l'égard de leurs supports immédiats.

Cette méthode essentielle à suivre dans la composition des grands
édifices, qui toujours appellent les voûtes, les plafonds, les coupoles,
est trop généralement méconnue aujourd'hui. Voilà où nous a conduits
l'altération des anciennes études de l'architecture (1) ; les cours actuels

(1) J'ai traité de la nécessité de re-    mettre en vigueur les études de l'architec-
                                                                    de

de cet art étant réduits au seul exercice du dessin, et aux connoissances des surfaces des édifices. S'il est des cours qui s'étendent au-delà ; les uns se bornent à des notions historiques de l'art ; les autres professent de nouveaux systèmes, tout-à-fait étrangers aux principes des anciens. Les cours d'architecture, tels que ceux du grand Blondel (1), auteur du chef-d'œuvre de la porte Saint-Denis, qui possédoit une parfaite connoissance de la composition et de la construction, sans laquelle on ne peut être un professeur habile ; de pareils cours n'existent plus. Ce désordre, antérieur à la révolution et consommé par elle, reste encore à réparer. Une barrière insurmontable semble malheureusement s'y opposer.

Il est constant que si le nombre des architectes qui possèdent la science des grandes parties de leur art, n'est pas plus grand aujourd'hui ; la première des causes, car il y en a plusieurs, tient à la nature légère et peu substantielle de l'enseignement actuel. Il a fallu, pour les hommes les plus distingués dans la théorie de la composition et de la construction, à compter du commencement du XVIII<sup>e</sup>. siècle, il a fallu que ces architectes, après leur cours terminés, se livrâssent à l'étude la plus active des rapports que renferment les plus beaux édifices anciens et modernes ; qu'ils fissent une dissection complète de toutes les parties qui les composent, et parvenir ainsi à découvrir les principes constitutifs de la force des constructions, et acquérir la vraie doctrine de l'art de bâtir, dont ils n'avoient pas même reçu les notions dans leurs premières études.

ture telles qu'elles existoient au XVII<sup>e</sup>. siècle.

Paris, 1807.

(1) François Blondel, de Paris, né en 1618, et mort en 1688, professa l'archi-tecture au Collège royal avant la création de l'Académie, sous Louis XIV, dont il fut directeur. C'est à l'école de ce grand architecte, qu'ont été formés les Lepôtre, les Desgodets, les Bullet, etc. etc.

Mais l'insouciance sur la théorie de l'art est parvenue à un degré tel, de nos jours, que des architectes qui se sont placés sur le trotoir, et qui osent avoir une opinion dans les questions les plus importantes de l'architecture, confondent la science de la construction, inséparable de celle de la composition des plans, des rapports entre les masses d'un édifice, avec les connoissances théoriques et pratiques de la coupe des pierres, avec celles du mécanisme pour l'exécution des bâtimens. Cette insouciance pour le fond de la doctrine, est une léthargie d'autant plus funeste qu'elle s'allie avec une témérité inconcevable à juger les productions de l'art ; *et cependant que peuvent le talent et l'esprit sans le savoir ?*

Il faut le dire :

Sans la science propre et particulière à l'architecture, que l'on n'obtient que par l'instruction et les méditations étendues des chefs-d'œuvre de l'art, et sans laquelle on opère au hasard, même avec du génie ; *l'on n'est point architecte.*

Avec les sciences mathématiques ; avec celles qui en dérivent, la coupe des pierres, et le talent le plus sûr de l'exercer ; avec la connoissance des moyens pratiques d'exécution les mieux raisonnés, les plus rigoureux, *l'on n'est point architecte.*

Ces propositions vraies démontrent qu'il existe une ligne de démarcation bien réelle, tracée par la nature des choses, entre la science de la construction, et les connoissances relatives à l'exécution des bâtimens ; confusion qu'il falloit éclaircir.

Donc, la théorie de la composition et de la construction, qui est *une*, diffère essentiellement de celle de la coupe des pierres ; les confondre, est une erreur grave.

Les bons ésprits, les hommes instruits conviendront de la justesse de ces réflexions diverses ; ils apprécieront les motifs qui me les ont dictées, le desir vif et bien légitime de voir rendre à la classe, des architectes, la considération qu'elle mérite dans l'opinion publique et la faveur du Gouvernement.

Reprenons le sujet de ce chapitre dans lequel cette digression devoit paroître.

Si la méthode que je recommande de suivre dans les études des plans, des coupes et des élévations pour la construction des voûtes, est négligée; en voici les conséquences. Les grandes parties de l'édifice, les points d'appui et les voûtes seront également vicieux; ou au moins l'une d'elles. Dans le premier cas, foiblesse dans les murs et dans les voûtes, tout écroule : dans le second cas, les murs sont conservés seulement, et la voûte flue en gravois.

J'ai dit que l'art de construire les voûtes solides, reposoit, avant tout, sur la bonté du plan de l'édifice. Or, l'on ne parvient à en tracer de tels, que par une étude spéciale, longue et approfondie des monumens les plus estimés par l'harmonie linéaire qui y règne, de ceux dans lesquels s'offrent avec majesté, les voûtes les plus grandes, imposantes par leur élévation, par la noblesse et la pureté des formes, et par un caractère de force dans toutes leurs parties. Ils sont ces édifices, les dépositaires uniques des lois immuables de l'art de bâtir les voûtes; il ne s'agit que d'en comprendre le sens pour les mettre en pratique.

L'etude, cependant, ne suffit pas pour acquérir la connoissance de ces lois positives. Il faut être né architecte, et pourvu d'un esprit délié, réfléchi, qui sache découvrir les mystères de la construction des voûtes dans les grands modèles ; car l'architecture, comme tous les beaux-arts, a les siens.

La nature économe dans la distribution des talens, n'accorde point à tous de comprendre des principes si élevés. Aussi, les besoins de la société n'exigent ni de la foule des architectes de boudoirs, ni des bâtisseurs, de les connoître. Ils ne sont applicables ces principes, qu'à la composition et à l'érection des édifices du premier ordre ; et ces opérations majeures n'appartiennent et ne doivent être confiées qu'aux hommes capables de hautes conceptions en architecture, et familiers avec toutes les ressources de l'art ; de ces hommes tels que les architectes du XVII<sup>e</sup>. siècle, qui ont honoré la France par leur génie et leur science.

L'esprit propre à l'architecte, pour déterminer l'ordre des rapports qui doit exister entre les voûtes et les points d'appui, n'étoit nullement étranger à Soufflot. La preuve s'en trouve, malgré ses défauts, dans le plan du portail du Panthéon ; en effet, à chaque extrémité de ce péristyle, des faisceaux de colonnes forment la résistance contre la poussée de la grande voûte qui embrasse les trois entre-colonnemens du milieu.

L'on regrette, cependant, que Soufflot n'ait pas donné à son portail, sans en accroître l'étendue, un front de huit colonnes qui lui eussent permis d'en tenir les espacemens plus serrés. L'on regrette encore de voir dans ce péristyle, un arrière-corps de deux colonnes, de chaque côté. Cette addition surabondante rompt l'unité si essentielle dans les lignes qui composent l'ordonnance entière de ce frontispice. Cet arrière-corps enlève au péristyle du Panthéon, le caractère antique qu'il pouvoit obtenir. Par quelle fatalité le même esprit, le même jugement en architecture, les mêmes connoissances des rapports qui doivent exister entre la puissance et la résistance, dans les grandes constructions, n'ont-ils pas inspiré cet architecte habile, lorsqu'il traça les piliers de son dôme?

Si la composition des voûtes, l'art de les construire, exigent chez l'architecte, la réunion du génie, de l'étude et de l'expérience, comme cela est incontestable, l'on doit reconnoître l'impossibilité de ne jamais obtenir, par la voie des concours, un édifice de première classe, qui soit d'une belle ordonnance et d'une construction forte (1); un édifice dont les plates-bandes, les plafonds, les voûtes, les coupoles sont les appanages nécessaires et indispensables, les uns ou les autres, et souvent réunis ensemble.

S'il existe un grand nombre d'architectes, qui, avec une dose d'imagination, de la mémoire et la facilité de dessiner, peuvent tracer de vastes projets; il en est très-peu de capables de concevoir l'ensemble des rapports qui constituent toutes les parties d'un monument, et de le rendre digne des regards de la postérité, et conséquemment de l'exécuter.

En vain également, d'après les qualités à réunir pour l'invention d'une grande composition d'architecture, les géomètres prétendroient-ils à une réputation légitime dans l'art d'ériger des édifices, étant denués du génie de l'architecture, sans lequel il est impossible de tracer un bon plan qui constitue les premières qualités pour la beauté, les convenances et la solidité d'un bâtiment quelconque?

En vain donc, les algébristes se croiroient plus éclairés que les architectes, sur la construction des voûtes qui exige le plus de science. Leurs opérations en ce genre prouvent le contraire, et au lieu d'avoir

(1) J'ai démontré, dans mes ouvrages, tous les dangers auxquels s'expose le Gouvernement avec le mode des concours.

de nos jours reculé, comme ils le prétendent, les bornes de l'art dans cette partie difficile, ils les ont renversées.

RIEN n'est exagéré dans cette proposition ; la preuve, la voici.

LA poussée des voûtes varie selon leur plan et l'espèce de courbe qui les dessine ; les voûtes en segment de cercle, celles à plusieurs foyers, ont une plus forte poussée que celles en plein cintre ; et conséquemment les points d'appui qui reçoivent les premières, doivent être plus puissans que pour la seconde espèce.

EXAMINONS maintenant, si ce principe fondamental est observé par nos savans dans la construction des ponts modernes qu'ils ont construits.

LES voûtes de ceux de ces ponts les plus célèbres, et que la déesse aux cent bouches s'est plû à proclamer comme des chefs-d'œuvre, tous construits depuis cinquante ans; les unes sont à plusieurs centres, tel que le pont de Neuilly ; les autres sont composées d'un simple segment de cercle, dont la flèche est très-courte en raison de la corde de l'arc; tel est le pont de la Concorde à Paris. Eh bien, les piles de ces différens ponts sont de beaucoup inférieures en force à celle nécessaire pour résister à la poussée des voûtes en plein cintre.

DONC les ponts modernes, faits par des géomètres d'une classe très-distinguée, dérogent au principe fondamental de la construction des voûtes, par l'extrême foiblesse relative des piles, dans les deux grands exemples cités. Ils n'existent ces ponts, que par l'artifice des points d'appui indirects ; qui sont les culées; artifice qui a échoué dans plusieurs constructions de l'une et l'autre espèce des ponts modernes (1) ; et la durée, pour ceux qui restent sur pied, dépend d'un accident qui ruineroit un seul rang de voussoirs d'une arche quelconque. Un tel accident, si foible en lui-même, entraîneroit la chûte totale du pont ; les voûtes, les piles, sans exception, disparoîtroient sous le fleuve qu'elles dominent. Et combien de causes peuvent opérer une telle catastrophe ; cette assertion est vraie et incontestable.

La construction des voûtes, qui, dans d'autres édifices, est livrée aux géomètres, consiste également en des moyens indirects, concurremment avec les grils de fer, comme on en verra bientôt des exemples. Aussi, toutes ces voûtes sont-elles soumises aux mêmes chances de destruction que celles des ponts.

Donc, les mathématiciens, comme je l'ai dit, ont renversé les bornes de l'art de bâtir, bien loin de les avoir reculées.

Donc, la théorie des voûtes puisée dans les sciences exactes, n'offre que l'ombre des rapports qui constituent la solidité, dans cette grande branche de la construction des bâtimens.

La raison de cette dernière proposition, est sensible.

D'abord, parce que la rigueur géométrique ne s'applique qu'à des abstractions. Ensuite, parce que les mathématiciens substituent les hypothèses aux faits, et les systèmes à l'observation. Ces savans, dans la composition de leurs plans de construction, perdent de vue le principe : *que tout ce qui n'est pas fondé sur l'observation et*

---

(1) J'ai désigné, entre un plus grand nombre, plusieurs des ponts construits d'après les nouveaux systèmes, qui ont écroulé peu après leur construction.

*Impuissance des mathématiques, etc.,* pag. 21.
Paris, 1805.

*l'expérience, ne peut offrir qu'un résultat vague et incertain : prin-*
*cipe particulièrement applicable à l'art de bâtir.*

Telles sont les véritables causes de toutes les erreurs que les hommes les plus éclairés dans les sciences exactes commettent dans la construction des bâtimens civils, dont la nature est particulière. En effet, une grande diversité dans les plans, de nombreuses distributions, des élévations subdivisées en beaucoup de parties, et dont l'ensemble doit réunir l'harmonie linéaire propre à l'architecture, jointe à une solidité complète dans les masses, voilà ce qui rend insaisissable au calcul algébrique les compositions d'architecture. Voilà ce qui distingue les bâtimens civils de ceux maritimes et militaires, particulièrement soumis à l'action des calculs, à raison de l'extrême simplicité de leurs plans.

Cependant, observons-le : les plans des fortifications modernes les plus célèbres, sont essentiellement dus à l'imagination des auteurs ; et l'on ne peut nier que Vauban, l'immortel Vauban, étoit plus grand par son génie que par ses connoissances en mathématiques.

Les géomètres dans la construction des voûtes, ne sont point d'accord entre eux sur l'action des voussoirs les uns à l'égard des autres, ni sur le point mathématique où la rupture, en cas de foiblesse dans leur structure, doit s'opérer. Ils ne sont point d'accord également, sur le degré de puissance absolue que les voûtes exercent sur les corps qui les portent. Les voûtes sphériques sont encore un sujet d'opinions contraires : les uns soutiennent, et le démontrent, que cette espèce de voûte n'en a aucune ; les autres prouvent que les voûtes sphériques ont une forte poussée.

Les architectes qui possèdent la science des grandes parties de leur art fondée essentiellement sur les faits et l'observation, savent
que

que la solidité d'une voûte dépend de la force de ses supports directs, et de sa force propre ; qualités résultant des rapports entre la hauteur des masses et leur épaisseur, à l'égard des points d'appui ; et de ceux de l'épaisseur des voussoirs, en raison de l'espèce des voûtes et des dimensions de leur diamètre. Les architectes ne s'avisent point de se livrer à des questions purement scientifiques, auxquels du 18e. ou du 45e. degré, doit s'opérer la rupture d'une voûte foible. Les proportions constitutives de la force réelle des voûtes, fixent seules leur attention ; proportions qui dérivent avant tout, comme je l'ai dit, de la bonté du plan, et de l'ensemble des rapports que prescrivent pour les élévations, les lois de l'ordonnance en architecture. Voilà les connoissances qui garantissent le succès des grandes constructions.

Quant à la poussée des voûtes sphériques, les architectes enseignent que cette espèce de voûte a une très-foible poussée entre leurs voussoirs, tandis qu'elles en exercent une plus forte, proportionnément à leur diamètre et à leur poids, sur les bases au-dessus desquelles elles s'érigent. Les architectes savent encore que les masses cubiques dans les voûtes sphériques, sont moindres de beaucoup, que dans celles en berceau, quoique les diamètres soient égaux en dimensions, mais dont la figure des plans est totalement différente ; les uns circulaires, les autres carrés ou parallélogrammes.

Dans une voûte sphérique, les anneaux ou rangs de voussoirs décroissent dans les diamètres particuliers à chacun d'eux, jusqu'au sommet. Ces anneaux sont autant de chaînes qui en unissent toutes les parties, et la clef n'est qu'un simple clausoir, qui n'est point nécessaire à l'union des rangs inférieurs des voussoirs.

Les voûtes en berceau n'ont pas les mêmes avantages. D'abord, les masses cubiques y sont proportionnellement plus considérables

D

que dans les premières. Ensuite , chaque rang de voussoirs y est indépendant l'un de l'autre ; le dernier rang seul qui en est la clef continue, fixe l'immobilité de tous les rangs inférieurs , en exerçant sur eux la puissance la plus absolue , et sans laquelle cette espèce de voûte ne pourroit point subsister.

Les avantages qu'obtiennent les voûtes sphériques de la nature de leur plan , sont bien sensibles dans le petit édifice que j'ai cité dans le chapitre *De l'impuissance des mathématiques* , etc. , sous le rapport de l'appareil (1). Le plan , cependant , n'est que demi-circulaire, et la voûte un quart de la sphère seulement ; et ses voussoirs conservent une union complète. Mais ce même édifice a dans ses bases une résistance proportionnée au poids de la voûte, qu'il obtient du couplement de colonnes dans la direction du rayon du plan. Un élève eût dessiné un pareil plan , avec un seul rang de colonnes ; l'architecte habile , auteur de ce joli monument , les a couplées dans la direction la plus efficace pour la solidité.

Les anciens ont parfaitement jugé en ce sens , de la nature des voûtes sphériques , et dans les forces qu'ils ont données au corps des édifices qui en sont couronnés , et dans celles qu'ils ont assignées à ces mêmes voûtes, en raison de leur diamètre, de leur courbure, et de l'espèce des matériaux qu'ils employoient ; conséquemment ils ont construit et le corps de l'édifice et les voûtes sphériques , avec de moindres épaisseurs que celles des supports et des voûtes en berceau.

Mais ces grands hommes n'ayant jamais livré au hasard le succès de leurs constructions , ont constamment contreventé les voûtes sphériques par des murs qui les enceignent jusqu'au tiers au moins de

---

(1) Pag. 38 et 39.　　　　　　　Paris, 1805.

leur naissance, mesure qu'ils ont élevée davantage dans les voûtes en berceau, lorsque les façades ou les murs qui les reçoivent, n'embrassoient point leur hauteur totale. Ces architectes, toujours attentifs à l'effet général dans l'ordonnance de l'édifice couronné de coupole, faisoient entrer les murs fortifians comme parties intégrantes de la composition entière.

Les architectes modernes les plus habiles et les plus sages, ne se sont point écartés de cette route sûre; ils sont restés fidèlement attachés aux principes des anciens.

La différence dans les systèmes, au contraire, qui existe entre les géomètres également distingués par leur science, sur les proportions générales et particulières de la construction des voûtes, a conduit ceux qui soutiennent que les voûtes sphériques n'ont aucune poussée, à introduire de nouveaux rapports entre l'épaisseur des murs qui portent des voûtes quelconques, conséquemment à réduire l'épaisseur elle-même des voûtes; rapports dont l'extrême petitesse anéantit les principes éternels de la solidité.

Par suite de ces systèmes nouveaux, appliqués à toutes les espèces de voûtes, nous voyons construire, dans la capitale, une galerie adhérente à un édifice de première classe, dont les voûtes, de dix pieds de diamètre, composées de plates-bandes et de plafonds foiblement arqués, reposent sur des murs qui n'ont que quatorze pouces d'épaisseur, renforcés seulement de huit pouces dans l'axe des plates-bandes. Ces murs dans les points les plus forts n'ont que le rapport de un à six, avec le diamètre des plates-bandes et des plafonds qui de toutes les espèces de voûtes ont le plus d'énergie contre leurs supports.

Le plan, il faut bien le dire, de cette galerie est d'ailleurs tracé contre le principe fondamental, qui veut que les extrémités d'une

D 2

façade quelconque et de ses retours soient plus fortifiées que les
parties intermédiaires; dans ce plan, de larges baies sur les quatre
points ne laissent que de foibles écoinçons, et de beaucoup inférieurs en masse aux autres parties de l'édifice. Si l'on opposoit, à
cet égard, que la largeur des baies étoit commandée; dans ce cas
il falloit établir des masses additionnelles sur les flancs, qui, habilement proportionnées, auroient nourri les écoinçons sur chacun des
quatre côtés : l'ordonnance et la construction auroient eu une disposition moins extraordinaire, et acquis des forces nécessaires dont
elles sont privées.

Dans cette galerie, les fers jouent le plus grand rôle pour la solidité ; ils ont à opposer la force la plus active contre les constans
et puissans efforts de la poussée des voûtes ; à la vérité, ici l'appareil est savamment tracé, l'exécution en est parfaite, il n'y a aucun
reproche à faire dans la partie exécutive de la construction ; mais
l'édifice, par le vice du plan, et malgré tous les secours qu'il reçoit
des armatures nombreuses, de fer dont il est hérissé, n'en est pas
moins exposé à des chances de destruction ; les fractures que les
clefs et les contre-clefs ont éprouvées au moment du décintrement,
indiquent assez toute l'action de la puissance contre la résistance.

Citons, à ce sujet, contre la confiance que l'on doit donner au
fer dans la construction des bâtimens, le fait suivant :

La voûte en plein cintre de la galerie du Louvre, au rez-de-
chaussée, de trente pieds de diamètre, celle comprise entre le pa-
villon de Flore et le guichet Marigny, à l'époque de 1789, eut
deux des chaînes en fer carré, de deux pouces, placées sur son
extrados, rompues dans la même travée. L'Académie royale d'architecture consultée alors par le Gouvernement, vérifia le fait. Il
étoit constant. Les commissaires reconnurent d'ailleurs que les murs

de face, qui s'élèvent de vingt-cinq pieds au-dessus de la voûte, avoient éprouvé un surplomb de neuf pouces six lignes, à compter du pied du bâtiment jusqu'à la naissance de l'entablement. Si la galerie du Louvre eût dépendu uniquement, dans sa construction, de ses armatures, elle n'existeroit plus. Donc, tout édifice qui ne tient que du fer son immobilité, comme la galerie nouvelle que je viens de citer, n'a qu'une durée éventuelle ; donc, l'innovation de l'emploi du fer comme nerf essentiel des grandes constructions, due à des hommes très-versés dans les sciences mathématiques ; cette innovation, concurremment avec l'application des points d'appui indirects, loin d'avoir reculé les bornes de l'art de bâtir, elle les a renversées.

Les dissertations sur les voûtes de la Halle au blé, qui font partie de cet Ouvrage, répandront un nouveau jour contre la doctrine redoutable qui commande à cette époque toutes les grandes constructions, et spécialement celle des voûtes.

Après avoir clairement démontré que la construction des voûtes n'a obtenu des sciences exactes aucune perfection réelle, positive, de nos jours, poursuivons l'examen des prétendus avantages que depuis un demi-siècle les sciences physico-mathématiques et chimiques auroient procurés à l'architecture pour l'exécution des bâtimens ; jugeons, et toujours avec impartialité et raison, si, à cet égard, les géomètres l'emporteroient sur les architectes dans les connoissances accessoires pour la perfection, la durée des édifices, entre elles, la connoissance de la nature des pierres.

Une diversité très-remarquable existe encore dans l'opinion des géomètres-constructeurs sur ce point intéressant. Les uns règlent l'épaisseur à donner aux voûtes, d'après le degré de la densité des pierres mises en œuvre ; les autres n'admettent aucune distinction ; et selon ceux-ci, une voûte faite en pierre de taille ou en briques auroit une égale épaisseur (1). Les opinions diamétralement opposées font naître les réflexions suivantes, liées essentiellement à la construction des voûtes, sur l'emploi des pierres selon leur nature et leur espèce.

Les géomètres-physiciens distinguent les pierres en quatre classes : *les argileuses*, *les calcaires*, *les gypseuses* et *les scintillantes*. Ils ont appris que les premières sont mélangées avec *l'oxide de fer*; les secondes, *composées de chaux*, *d'acide carbonique*; les troisièmes, *de l'acide sulfurique*; les quatrièmes, *feldspathiques*, *serpentineuses*, *pétro-siliceuses*, *arénacées*.

Cette science chimique n'est d'aucune utilité dans la pratique; on ne peut par elle, déterminer, dans aucune construction, le choix le plus convenable des espèces de pierres le moins soumises à la décomposition, ni calculer la force effective de leur densité; une foule de vices qu'elles renferment les rendent insaisissables au calcul, indépendamment des autres obstacles qui s'y opposent.

L'architecte arrive au choix des meilleures pierres par une étude sommaire de leur nature en général, qui les lui fait distinguer en

---

(1) On lit dans un ouvrage sur la construction d'une grande voûte :

« Pour construire, en briques, une « coupole semblable à celle en pierre, de « l'article précédent, on ne peut, d'après « les raisons que nous avons déduites, « s'empêcher de lui donner une même « épaisseur. »

Cette voûte avoit cent vingt pieds de diamètre.

Je fais cette citation pour la mettre en parallèle avec les leçons que je vais analyser, applicables à l'épaisseur à donner aux voûtes, selon l'espèce de pierres que l'on emploie dans les constructions.

trois classes seulement ; celles qui sont calcaires , celles qui ne le sont point , et les gypseuses.

Cette étude des pierres, qui intéresse si directement la conservation des édifices, apprend à l'architecte qu'il doit, parmi les pierres calcaires , rejeter l'emploi de celles dont la craie et l'argile sont les bases; les premières reconnoissables à leur teinte blanchâtre ; les secondes , à leurs teintes plombées , et dans lesquelles les couches se distinguent. Les praticiens en construction désignent par les mots *maigres* et *grasses* les bonnes qualités de pierres des mauvaises. Quant aux pierres gypseuses , dont le grain est argenté, elles doivent , comme les deux premières espèces , être exclues des constructions , et n'être jamais employées que réduites en mortier auquel elles sont propres , d'après la nature des sels arides et secs qui les composent (1).

La connoissance théorique des pierres chez l'architecte est fortifiée par l'observation et la comparaison qu'il fait de l'état plus ou moins sain des pierres dans les plus anciens monumens; et l'observation ratifie toujours l'exclusion donnée aux pierres dont je viens de signaler les espèces vicieuses. Cette seconde branche d'instruction sur les qualités distinctes des pierres , est la plus utile au constructeur; il doit la réunir à la première (2).

(1) J'ai traité des différentes espèces des pierres, de leurs qualités, dans le chapitre *De l'impuissance des mathématiques*, etc.

Pages 42 et 43.

(2) Colbert jugea de toute l'utilité de cette sorte d'étude des pierres, au moment où Louis XIV alloit ordonner l'érection des plus grands édifices. Il existe une lettre de ce ministre , adressée à l'académie d'architecture , qui a pour objet de constater l'espèce des pierres qui , dans les bâtimens de plusieurs siècles d'origine, étoit restée intacte. Colbert savoit qu'en tout, l'expérience donne les meilleures et les plus sûres leçons.

J'ai eu communication de cette lettre, infiniment curieuse en son entier.

Mais voyons où la science chimique si approfondie de la nature des pierres, au tems où nous vivons, a conduit nos savans géomètres; quelle est l'application qu'ils en font, notamment à la construction des voûtes. Ils ont avancé :

« Que la connoissance de la densité des pierres détermine la li-
» mite de la dimension en hauteur, d'un projet, ou celle de l'ou-
» verture d'une grande voûte (1). »

Conséquemment, lorsque les pierres d'un bâtiment sont tendres, les masses du bâtiment doivent être grosses, racourcies, peu élevées; et au contraire sveltes, légères, si elles sont dures; tantôt l'édifice sera d'une architecture égyptienne, tantôt d'une architecture gothique. Conséquemment, la coupe des voussoirs d'une voûte sera plus ou moins grande, selon la nature et l'espèce des pierres dont ils seront composés. Donc, plus de proportions en architecture, dès que la densité des pierres doit déterminer le volume et la hauteur des grandes parties d'un édifice; donc, plus de proportions entre le diamètre d'une voûte et son épaisseur, ni de rapports avec les points d'appui sur lesquels elle s'érige, autres que ceux, déterminés par le degré de densité des pierres; et c'est ainsi qu'on a reculé de nos jours les bornes de l'art de bâtir.

La densité des pierrres, et plus encore leurs qualités, car il est des pierres argileuses de la plus grande densité, doivent sans doute être prises en considération dans la construction des bâtimens, mais seulement pour les placer dans les points les plus convenables à la solidité. Jamais la densité des pierres ne peut influer sur le module, sur les dispositions générales des plans, leurs diverses distributions,

(1) *Appendice aux résumés de l'ancien cours de géométrie descriptive, etc.* Page 8.    Paris, imprimerie de H. Perronneau, M. DCCC. VII.

ni

ni sur *la hauteur d'un projet quelconque*, ni *sur l'ouverture d'une grande voûte.*

Les pierres de roche, de clicart, de liais, le granit, le grès, toutes les pierres dures les plus denses doivent construire le pied des murs d'un édifice, quelle que soit leur épaisseur (1) ; elles doivent construire, exclusivement à toute autre espèce, les pieds-droits, les pilastres isolés, les colonnes, quels que soient le diamètre et leur hauteur ; et certainement les belles et admirables proportions des péristyles antiques, qui sont tous construits en marbre et en granit, ne résultent nullement de la mesure prescrite dans la hauteur et la grosseur du diamètre par la nature des matières employées et qui sont d'une très-grande dureté. Ces proportions naissent des combinaisons heureuses, trouvées par le génie, et réglées par le jugement et le goût dans l'ordonnance de l'édifice.

Donc, la densité des pierres ne détermine point *la limite de la dimension en hauteur d'un projet*, ou *celle de l'ouverture d'une grande voûte.*

L'emploi des pierres les plus dures est encore exclusif à toutes autres, pour la construction des piles et des voûtes d'un pont, dont l'ouverture doit toujours être déterminée par les dimensions du plan ; et loin que la différence dans la densité de la pierre qui construit un pont, permette d'en réduire, et la force des piles et l'épaisseur des voussoirs, elle doit au contraire, tout égal d'ailleurs dans ses trois dimensions et espèce de courbure, être plus forte que la coupe d'une voûte faite en pierre tendre qui couronne un édifice quelconque.

(1) J'ai construit la halle au blé de Corbeil, en grès et en meulière, espèce de pierre de la plus grande densité. Je ne me suis point avisé de réduire les masses de mon plan, ni des élévations proportionnellement à la dureté des matériaux que j'avois à employer ; je n'aurois bâti qu'un misérable édifice.

E

DONC, la leçon que je viens de citer sur l'influence de la densité des pierres, dans les dimensions d'un bâtiment, et *les dimensions de l'ouverture des voûtes*, est sans objet : un tel système croule de lui-même (1).

DONC, les connoissances chimiques sur les divers élémens qui constituent les pierres, ne sont d'aucune utilité dans la pratique ; elles satisfont seulement la curiosité.

REPRENONS le cours de l'exposition des divers principes sur la construction des voûtes.

LES voûtes, considérées relativement à leur épaisseur propre et à celle des murs qui les portent, se divisent en deux classes, selon la nature de leur plan, de leur courbure. Celles de la première classe, toutes érigées sur un plan droit, se distinguent en voûtes en berceau, elliptiques ou surélevées, en tiers point ou ogives, surbaissées, en segmens de cercle, en plates-bandes et plafonds ; entre celles-ci et la première espèce, les voûtes en berceau occupent le terme intermédiaire.

LES voûtes de la seconde classe, celles dont les plans sont circulaires ou ovales, quadrilatères, pentagones, hexagones, octogones, se distinguent en voûtes sphériques, sphéroïdes, annulaires, etc. etc.

LES architectes de l'antiquité, dont le goût étoit si délicat, n'ont admis dans leurs compositions, que deux espèces de voûtes sur des plans droits : celles en plafond et celles en plein cintre, seules

---

(1) Voir mes dissertations faites à la Commission spéciale, sur la machine à écraser les pierres.

formes pures qui conviennent dans l'ordonnance qu'ils ont créée, soumise aux principes de l'eurythmie. Les anciens, par la même sévérité de goût, n'ont tracé que des voûtes sphériques sur des plans circulaires, et des voûtes annulaires.

Les deux espèces originelles, les voûtes en berceau et celles sphériques, sont particulièrement les objets de cet Ouvrage, et je me bornerai, dans ce chapitre, à indiquer les degrés différens qui existent entre les épaisseurs des voûtes sur des plans droits, depuis l'ogive, qui est le terme le plus élevé, jusqu'au plafond, qui est le dernier terme. Les proportions particulières aux voûtes sphériques et annulaires seront amplement démontrées dans les dissertations sur les coupoles de la Halle au blé.

Ainsi, entre les différentes voûtes érigées sur des plans droits, à compter de la voûte en berceau, la voûte elliptique, par sa nature, est proportionnellement moins épaisse que celle-là; ensuite, les voûtes qui, par leur coupe, se rapprochent le plus de la verticale, sont de toutes les plus légères. Conséquemment, les murs qui reçoivent ces diverses espèces de voûtes, tout égal d'ailleurs dans leurs différentes dimensions, sont plus ou moins épais, et toujours en rapport avec l'épaisseur propre des voûtes.

Les voûtes surbaissées, au contraire, à compter de la voûte en berceau jusqu'au plafond, acquièrent progressivement, dans leurs voussoirs et dans leurs murs, plus de force, selon le plus grand nombre des foyers qui les décrivent, ou la petitesse de la flèche de leur arc; et les voûtes plates sont de toutes, les plus épaisses.

L'épaisseur des voûtes, celle des murs étant établies dans les rapports de force que le module de l'édifice exige, et non pas d'après la densité des pierres qui les construisent, il existe encore une condition à remplir, quel qu'en soit le plan, rectiligne ou curviligne dans sa forme; elle consiste dans l'union des reins entre les murs de l'édifice et les voussoirs.

La solidité des voûtes impose des soins particuliers dans la construction des reins, pour laquelle l'appareil des murs, celui des voussoirs doivent être combinés l'un avec l'autre (1). C'est pourquoi les murs porteront des harpes; les voussoirs auront des contre-coupes, offrant la figure de marches toutes égales de hauteur, de six pouces à leur extrados, pour recevoir, par rangs réguliers et horisontaux, les moellons d'élite de la construction des reins, qui embrasseront au moins la moitié de la hauteur de la voûte; et cette règle assujétit les murs qui les portent à s'élever au moins jusqu'à ce terme.

Je dis que les murs sur lesquels s'érigent des voûtes, doivent atteindre la même hauteur que celle des reins dont je viens de fixer le premier point, et dont la fonction est de régulariser la poussée des voûtes, et de les contreventer; mais ces mêmes murs et les reins eux-mêmes, peuvent, selon l'ordonnance de l'édifice, atteindre l'*extrados* des voûtes, et ceux-là s'élever beaucoup plus. Dans ce cas, les murs opèrent des contre-poids utiles qui permettent quelques réductions dans leur épaisseur.

Connoissant les différences générales qui existent dans les épaisseurs à donner aux voûtes, selon l'espèce de leur coupe, conséquemment les différences qu'elles apportent dans les parties portantes, il reste à dire quels sont les rapports particuliers qui constituent la force

---

(1) La manière la plus usitée de garnir les reins des voûtes, consiste à employer des bloccages hourdés avec de mauvais mortier. Les constructeurs praticiens, en général, n'attribuent aucune importance à cette partie de la construction des voûtes. C'est une erreur capitale.

et des murs et des voûtes, et qui doivent être établis entre l'épaisseur propre des voussoirs dans celles-ci, en raison de leur diamètre. C'est la connoissance de ces rapports qui constitue essentiellement l'art d'ériger les voûtes solides; et comme la première condition à remplir, dans ce genre de construction, est l'épaisseur des voûtes, établissons d'abord les proportions de celle des voussoirs.

L'ÉPAISSEUR des voûtes est constamment dans le même rapport avec le diamètre, construites en semblables matériaux, selon leur espèce. Ainsi, une voûte en plein cintre, construite en pierre de taille, aura son premier rang de voussoirs, dans le rapport d'*un* à *dix*, à *onze* et *douze*. Ils seroient plus forts si elle étoit faite en briques.

IL n'en est pas ainsi des rapports entre les murs qui sont les points d'appui des voûtes avec leur diamètre : ils éprouvent des variétés, dans une même espèce, selon le degré de leur élévation. Ainsi, une voûte de soixante-quinze pieds de diamètre dont la naissance est établie sur des murs de soixante-quatre pieds de hauteur, et en plein cintre; ces murs auront beaucoup plus d'épaisseur que les piles d'un pont dont les arches auroient même ouverture et plein cintre, mais de quelques pieds seulement au-dessous de la naissance de l'arc. C'est pourquoi les rapports varient entre les parties portantes d'une voûte plein cintre, d'*un* à *deux*, d'*un* à *trois* et à *quatre* avec son diamètre, quoique construite également en pierre de taille : et pour choisir avec habileté et succès celui de ces divers rapports approprié à un plan, et conformément aux principes généraux exposés dans ce chapitre, il faut avoir le plus grand talent en architecture.

LES proportions entre l'épaisseur des voûtes en berceau, et celle des murs et le diamètre des premières, sont les termes en-deça et au-delà desquels les épaisseurs des voûtes de différentes espèces, doivent être augmentées ou réduites, à compter du plafond jusqu'à la voûte ogive qui occupe les deux points extrêmes.

L'EXEMPLE suivant d'une voûte en berceau, fixera les idées sur les proportions les plus légères qu'on puisse donner avec le concours de la surélévation des murs au-dessus de la voûte, et celui d'un arrasement complet des reins avec son *extrados*. Je veux parler de *l'orangerie de la ville Mandragone, à Rome* (1).

CE charmant édifice de Vignole, est d'une ordonnance ionique, composé de colonnes qui portent cinq arcades de file, et de pilastres du même ordre, qui enrichissent les piédroits intermédiaires, qui embrassent la hauteur de la façade couronnée d'un entablement au-dessus duquel règne un acrotère dans le pourtour de l'édifice. La longueur de la galerie est de cent seize pieds ; la largeur, dans l'axe des piédroits intérieurs, a vingt-un pieds, et la hauteur de la voûte avec des arcs-doubleaux, a sous clef, trente pieds. Ici la plus forte épaisseur, cinq pieds, des murs chargés de tout le poids de la voûte, est dans le rapport d'*un* à *quatre* environ. L'acrotère domine de huit pieds, l'intrados de la clef de la voûte.

TELLES sont les proportions que l'ingénieux et savant Vignole a assignées à la voûte de cette orangerie, qui tient sa solidité, uniquement, de points d'appui directs.

LES principes divers que renferme ce chapitre sur la construction des voûtes, n'ont point été observés dans les édifices les plus vastes de notre capitale, et les plus importans ; omission qui donne de grandes leçons pour ne jamais se la permettre.

LE temple de St.-Sulpice, l'un d'eux, et de la première classe,

(1) Les plans et les différens dessins　de tous les artistes.
de ce monument, sont dans les mains

construit avec des voûtes en pierre dans toutes ses parties, est remarquable par la grandeur et la hauteur des voûtes de la nef et du
chœur, dont le diamètre est de quarante pieds, la hauteur sous
clef, quatre-vingt-six pieds, et d'une coupe surélevée; les murs
qui portent cette voûte excèdent, en hauteur, son *extrados*. Les
pieds-droits des arcades décorés de pilastres corinthiens de quatre
pieds de proportion, ont neuf pieds d'épaisseur; d'où résulte le
rapport avec le diamètre de la voûte, d'*un* à *quatre* $+\frac{1}{10}$ (1).

Ce rapport entre l'épaisseur des murs avec le diamètre de la voûte
seroit trop foible, n'eût-il que soixante pieds de hauteur sous clef.

La nature du plan de l'église de St.-Sulpice a conduit l'architecte,
auteur de cet édifice, à ne point donner les épaisseurs nécessaires
aux points d'appui directs de ses grandes voûtes; il a donc eu recours
aux arcs-boutans, aux contre-forts à l'extérieur, pour suppléer à
leur foiblesse; et ces moyens de résistance opposés à la puissance,
ne sont que secondaires et à la manière des Gothiques. De pareils
moyens, d'ailleurs, sont incompatibles avec une belle ordonnance.

Cet exemple seul fait appercevoir la dépendance absolue qui existe
entre les voûtes et le plan du bâtiment qu'elles surmontent; il prouve
tout le besoin de l'art des combinaisons pour l'ordonnance en architecture, et de la science de la construction.

Les principes généraux qui précèdent, découvrent une vérité importante et trop peu connue de nos jours; l'impossibilité, même
avec le secours des points d'appui indirects, d'ériger des voûtes sur
une simple file de colonnes solitaires d'un module quelconque: et

(1) Les dimensions que je décris sont conformes au plan gravé de cette église, qui est dans les mains du public, et qu'il peut consulter.

cependant de pareilles compositions ne sont pas seulement produites par des élèves dans nos écoles ; mais aussi par des architectes qui construisent et qui sont regardés comme des maîtres.

Les principes particuliers de l'épaisseur propre des voûtes , sont généralement dédaignés, comme le prouve la construction d'une voûte nouvelle dans un édifice public. Cette voûte très-surbaissée , douze pieds de montée sur trente pieds de diamètre, est construite de voussoirs qui ont à peine vingt-quatre pouces aux premiers rangs, dont deux portent tas de charge qui en réduisent la coupe de quatre pouces. Heureusement les murs qui portent cette voûte ont une force complète ; elle seule est exposée à des ruptures.

Les proportions qui constituent la solidité des voûtes , sont , comme on le reconnoît , dépendantes toutes entières de l'ordonnance. Il est constant que l'épaisseur propre des voûtes , celle de leurs murs , sont déterminées par la hauteur de ceux-ci, et par le développement de celleslà , à l'instar et de même que la grandeur du diamètre des colonnes , selon l'ordre auquel elles appartiennent , est fixée par leur hauteur.

Il est donc évident que ces principes sont tous émanés de l'architecture ; et comme les sciences exactes ne donnent point l'imagination , le sentiment et le goût de l'harmonie linéaire que doivent réunir toutes les parties d'un édifice , il en résulte que les géomètres , quelque profondes que soient leurs théories , leurs sciences physico-mathématiques , n'obtiendront jamais de véritables succès dans la composition d'aucun morceau d'architecture , conséquemment dans la construction des bâtimens , et principalement de ceux couronnés de grandes voûtes.

Maintenant , les principes fondamentaux de la construction des voûtes étant établis, tels que les anciens nous les ont transmis dans
leurs

leurs ouvrages. Je dois relever les assertions étranges que des novateurs, qui ne rêvent que perfectionnement en ce genre, soutiennent contre les voûtes des monumens anciens, et contre celles des édifices modernes les plus estimés; assertions tendantes à prouver que leurs constructions ne sont faites que par *tâtonnement, routine*.

Si les architectes de l'antiquité, et ceux qui depuis le renouvellement des beaux-arts, ont marché sur leurs traces, n'ont point connu l'algèbre (1), ces architectes, hommes de génie, ont su composer et tracer de bons plans, concevoir les plus heureuses dispositions, établir les points d'appui directs les plus puissans, produire dans l'ordonnance générale, des effets larges et piquans, et répandre, dans les détails, une harmonie complète avec le tout. Ces architectes ont laissé à la postérité, des chefs-d'œuvre de l'art inébranlables, et dans le corps entier de leurs monumens, et dans les voûtes qui les couvrent et les enrichissent si majestueusement.

Les grands morceaux d'architecture qui nous restent encore, les fragmens de voûtes qui ont bravé les atteintes du tems et le bouleversement des empires, ces vestiges attestent et la science et l'art que possédoient leurs auteurs. Et bien loin que les architectes de l'antiquité n'aient opéré que par *routine*, le même ordre de rapports existe dans les différens édifices anciens, entre toutes les parties analogues des uns et des autres : ce qui est prouvé dans les citations précédentes, du temple de la Paix, et des Thermes de Dioclétien; ce qui sera encore prouvé dans les citations suivantes, que les dissertations sur la coupole de la Halle au blé ont appelées : donc, l'assertion que je relève est injuste envers les anciens.

Et certes, à l'égard des modernes, dans les monumens de ce genre,

(1) Il est certain que les architectes ne savent nullement *tourner la manivelle*    *algébrique :* mot de Buffon.

F

pour ne citer qu'un seul exemple pris en France, mais des plus
remarquables qui soient en Europe, on ne peut nier que les voûtes
de la grande salle du Palais de Justice à Paris, n'existent si solidement, après deux siècles écoulés, que par les combinaisons savantes
du célèbre architecte Desbrosse qui les a construites. Au contraire,
les voûtes érigées depuis cinquante ans, par les méthodes et d'après
les formules mathématiques, ne sont qu'artificielles, et leur durée,
comme je l'ai amplement prouvé par le raisonnement et les faits,
n'est qu'éventuelle.

Donc, il est également injuste d'accuser les modernes, dans la
construction des voûtes, de n'avoir opéré que par *routine*, et de
soutenir qu'ils n'ont point possédé la science dans l'art de les ériger.
Leurs œuvres sont là; ils détruisent, sans réplique, des assertions
aussi hasardées, aussi fausses.

Au reste, si des voûtes d'édifices antiques ou modernes offrent,
dans les rapports de leurs constructions, des variétés réelles au
lieu d'être les mêmes, trois causes ont motivé ces différences.

La première, la nature du plan.

La seconde, le caractère de l'ordonnance.

La troisième, l'espèce de matériaux mis en œuvre.

Or, sur ces trois points qui constituent essentiellement tout édifice, les calculs algébriques ne peuvent avoir d'influence; les seules
connoissances de la composition en architecture peuvent en faire
juger.

L'erreur accréditée de nos jours, et qui se fortifie de plus en plus, mérite d'être combattue ici, et de nouveau (1). Ce n'est pas une vaine digression dans un chapitre qui traite des voûtes. Cette erreur, consignée dans des ouvrages publiés, est de prétendre :

*Que, pour être architecte, il faut être nécessairement géomètre (2).*

Cette erreur, propagée par les moyens les plus actifs et les plus intéressés, a fait croire que cette classe de savans étoit seule capable de diriger les grands édifices, et qu'ils devoient être l'amc de toutes les constructions du premier rang. De là nous voyons des géomètres qui n'admettent et ne connoissent, ainsi qu'ils le déclarent hautement, aucune règle, aucun genre, aucun style dans les compositions d'architecture, oser tracer des plans, obtenir et se charger de leur exécution ; travaux qui consistent tous en ordonnance, qui exigent les plus grandes ressources en invention ; le goût le plus délicat pour être tracés et exécutés avec succès ; travaux enfin qui commandent l'observation la plus rigoureuse des principes de construction à la manière des anciens ; l'emploi des forces directes, et non pas les points d'appui indirects, les châssis de fer qui constituent seuls la puissance pour la solidité de ces édifices confiés à ces mêmes savans.

La capitale, elle-même, nous offre plus d'un exemple de cette invasion extraordinaire, qui est presque générale dans les départemens. Ainsi, l'ordre naturel est interverti dans une branche du

(1) J'ai relevé, déja, cette assertion dans mes ouvrages.

(2) On pourroit dire au contraire, et avec toute justesse : *Qu'un géomètre qui veult composer les plans d'édifices et les construire, doit être nécessairement architecte.*

Il n'existe plus de Blondel de nos jours, de mathématiciens qui soient architectes. Les faits ne nous le prouvent que trop en ce moment.

service public, qui tient si particulièrement aux intérêts et à la gloire de l'État. Il résulte en effet, de cette invasion, que le territoire de l'Empire se couvre d'édifices bisarres ou gothiques qui déshonorent le grand siècle où nous vivons.

MALGRÉ *toutes ces prospérités, dont l'architecture s'indigne, et qui font gémir les amateurs des beaux-arts, elles ne doivent point ébranler notre foi* dans les vrais principes de l'art de composer et construire les édifices.

PAR suite du même système du perfectionnement prétendu, opéré de nos jours, dans la construction des bâtimens, dans l'application qui leur a été faite des théories mathématiques, l'on a célébré l'heureuse influence sur la coupe des pierres, dont la science d'ailleurs, observe-t-on, relève directement de la géométrie; d'où l'on conclut que, sous tous les rapports, l'art de bâtir est soumis nécessairement à l'empire des sciences exactes.

Le trait, dans la pratique, est une opération mécanique dirigée par les élémens de la géométrie; c'est le talent de l'ouvrier (1). La nature et l'espèce de l'appareil sont soumises au genre de construction, déterminé toujours par l'architecte, et d'après ses dessins (2). Et,

---

(1) Je suis bien éloigné de refuser l'estime que mérite l'habile appareilleur. Le talent précieux de la coupe des pierres, aujourd'hui devenu rare, exige une intelligence et une étude particulières.

J'ai, dans mes ouvrages, manifesté mes regrets sur la privation où nous sommes réduits dans toutes les parties du bâtiment, d'ouvriers instruits de la première classe.

Une lueur nouvelle semble nous promettre des sujets capables dans l'art du trait; espérons qu'elle se propagera, et qu'elle ne sera pas un vain éclair.

(1) J'ai fait la distinction entre le trait et l'appareil, dans le chapitre *De l'impuissance des mathématiques*, etc., pag. 32 et 33.

comme je l'ai dit, plus le trait est simple, plus la solidité d'un édifice est grande. Au contraire, plus le trait est scientifique, compliqué, moins la solidité est complète, absolue, positive (1).

Certainement les pièces de trait modernes que n'ont point connus les anciens; celles entre autres, dites arrière-voussures, les trompes cylindriques, coniques, etc., les voûtes annulaires et rampantes, etc., ces pièces de trait exigent des connoissances étendues en géométrie, pour en concevoir les principes, mais dont l'exécution s'opère par les simples procédés ou méthodes que donnent les formules ou résultats de la science.

Tous ces divers morceaux de trait l'emportent de beaucoup sur les coupes modestes et sans apprêts de sommiers, de claveaux, de voussoirs sans crossettes, auxquelles pièces se réduit l'art de l'appareil chez les Grecs et les Romains. Cependant, tout est forcé dans ce genre de coupe des pierres, il concourt avec les bases directes dans les plans, pour la solidité dans leurs édifices; tandis que, dans les bâtimens modernes, l'appareil par enclavemens, par crossette, les pénétrations variées et très-compliquées, multiplient les élémens de ruine. L'on ne peut nier que les trompes, entre les pièces de trait qui servent de soutiens à des corps de bâtimens, que la solidité qu'elles procurent ne soit que conditionnelle et dépendante de la conservation entière de tous les voussoirs qui les composent, sans exception d'aucun; la ruine d'un seul entraîneroit la ruine de l'édifice.

La coupe des pierres, tracée d'après les plus savantes théories que possèdent seuls les géomètres, exécutée avec la plus rigoureuse

---

(1) Le chapitre XXXIV, *Principes de l'ordonnance*, 1re. partie, et plusieurs chapitres de la seconde partie, font apercevoir les conséquences funestes des innovations et de l'abus de la science du trait dans la construction des bâtimens.

précision, ne constitue donc pas l'art de bâtir. Le genre de l'appareil, nous l'avons dit, dépend absolument de la nature du plan de l'édifice ; s'il est bon, l'appareil est simple ; si le plan en est gothique ou foible dans ses parties principales, l'appareil devient absolument très-compliqué : c'est le cas où le ministère du mathématicien est utile.

Donc, les sciences exactes ne constituent nullement les talens de l'architecte ; donc, il n'est pas vrai de dire : *que pour être architecte, il faut être necessairement géomètre.*

L'architecture est un art ; la confondre avec les sciences mathématiques, et en faire leur suffragante, est la détruire. Un écrivain judicieux a dit :

« L'esprit mathématique est le poison le plus funeste pour les « arts d'imagination. »

Et certes, sans imagination, il n'y a point d'architecture.

Le tems où la vérité de cette dernière proposition sera méconnue, ne produira aucun bel édifice.

En terminant ces réflexions sur l'empire prétendu de la coupe des pierres, dans la construction des bâtimens, livrons-nous aux réflexions suivantes qui sont liées à cette grande partie de l'architecture.

Aujourd'hui, ainsi que je l'ai déja remarqué, les idées, sur ce qui constitue la science de la construction, sont tellement brouillées, que l'on croit en enseigner les principes, lorsque les leçons ne consistent que dans celles de la théorie et de la pratique de la maçonnerie, de la coupe des pierres, et de la charpente.

Pour enseigner les principes de la construction, il faut être architecte.

Pour professer la théorie de la coupe des pierres, du bois, il faut être géomètre.

Les sujets différens qui composent la seconde partie de mon *Traité d'architecture*, prouvent assez ce que j'entends par la science de la construction que tout architecte doit posséder ; bien différente de celle qui a pour objet le mécanisme de l'exécution des bâtimens, que l'on enseigne dans nos écoles publiques, et qui ne convient spécialement qu'aux ouvriers : eux seuls en suivent les cours à l'Ecole d'architecture (1).

Résumons : *la construction* des voûtes repose essentiellement, je dois le répéter encore en terminant ce chapitre, sur la bonté du plan du bâtiment dont elles font partie. La force des voûtes résulte de rapports que le génie seul de l'architecture sait inspirer à l'artiste, d'établir entre la puissance et la résistance ; idée que je dois présenter sous toutes ses faces : et ces rapports dérivent tous de ceux qui constituent les trois ordres, le dorique, l'ionique et le corinthien, sources premières, comme je l'ai prouvé (2), et dont les définitions précédentes sur la construction des voûtes, ont suffisamment démontré la dépendance aux mêmes principes.

(1) Les leçons de *stéréotomie* et celles dites de *construction*, se donnent deux fois chaque semaine à l'Ecole spéciale d'architecture, à six heures du soir.

Cette partie de la fin de la journée est bien choisie ; elle convient aux ouvriers estimables qui veulent devenir habiles ; ils peuvent profiter de ces cours dont ils ont un besoin absolu.

Les leçons d'architecture ont lieu une fois la semaine, depuis une heure jusqu'à deux.

(2) Chapitre *De la solidité des bâtimens puisée dans les proportions des ordres d'architecture*, 2e. partie de mon *Traité de l'ordonnance et de la construction des bâtimens*.

Pour rendre sensible aux amis des arts, que la composition est tout en architecture, je dirai aux novateurs qui veulent que l'appareil constitue absolument la solidité des constructions, je dirai que, s'il en étoit ainsi, la Halle au blé de Paris, qui a été confiée à des appareilleurs justement estimés, et dans laquelle ils ont, dit un écrivain, *fait briller leur art* : si l'appareil, dis-je, étoit d'une efficacité absolue pour la solidité dans les bâtimens, il n'y auroit pas aujourd'hui, comme on le verra dans le cours de cet Ouvrage, la nécessité de conforter les murs extérieurs de ce même monument, qui chancellent ; et la cause d'un tel état provient uniquement, ce qui sera démontré, du vice radical dans son plan ; et, au contraire, que l'appareil puisse enchaîner les efforts que les murs éprouvent, il concourt ici à leur ruine, par la foiblesse des points d'appui.

Enfin, il n'est donné, comme je l'ai dit, qu'à un petit nombre d'hommes, le génie capable de composer de beaux monumens, conséquemment de construire de grandes voûtes. La faveur, les coteries, l'intrigue ne procurent point ces qualités à l'architecte.

Ce que j'avance ici, qu'il est peu d'élus pour produire de nobles et solides compositions d'architecture, et de la première classe, ne fait aucun doute. L'instant où j'écris confirme cette vérité. En effet, nous voyons paroître, au grand jour, les plus vastes projets, dont le but n'est pas simplement de satisfaire les yeux par des dessins et des modèles de morceaux d'architecture immenses par leur étendue, mais dont l'objet est déterminé et susceptible d'être exécuté par le plus grand des héros. Ces projets, que nous avons sous les yeux, qui exigeroient la réunion du génie le plus heureux, de l'esprit le plus exercé, de la science la plus profonde, et de l'expérience la plus réfléchie, ne sont que des esquisses légères et seulement des surfaces extérieures. L'on pourroit dire à tels de ces auteurs : si vous avez des talens, si vous réunissez toutes les qualités que l'art

requiert

requiert, isolez-vous de la société, livrez-vous, dans le silence de
votre cabinet, aux méditations les plus approfondies et les plus
longues, pour composer des plans si importans dans leur fin ;
autrement, vous échouerez.

## Des Péristyles.

La construction des péristyles va nous occuper après celle des
voûtes qui dans cette sorte d'ordonnance, sont un de leurs appanages
principaux, et qui les soumettent dans leurs plans à des combinaisons particulières. Il convient donc d'asseoir ici les règles dont
l'observation seule conduit à la perfection dans cette belle partie de
l'architecture, et à la force de leurs constructions, comme soutiens
des voûtes.

Il ne suffit pas que l'architecte ambitieux de donner à ses compositions le plus grand éclat, y fasse jouer aux colonnes le premier
rôle. Ce genre d'ordonnance le plus facile à dessiner, est tout à-la-fois
le plus difficile à composer, pour lui faire produire dans l'exécution
les effets variés et caractéristiques, selon l'édifice auquel il appartient :
ce genre est encore le plus difficile pour être construit avec une véritable solidité, soit que les péristyles reçoivent des plafonds, soit
qu'ils portent des voûtes, et qui toujours dans leurs fronts, sont
construits en plates-bandes.

La preuve de ce que j'avance sur les grandes difficultés qu'il faut
vaincre dans la composition des péristyles, sous les rapports de
l'ordonnance et ceux de la construction ; la preuve s'en trouve dans
les monumens nombreux qui en sont enrichis, et qui s'élèvent sous
nos yeux, tous si éloignés de la perfection qu'ils devroient réunir.

G

CES péristyles sont bien des imitations de ceux des anciens, mais
dans lesquels on ne trouve aucune de leurs combinaisons propres,
sources uniques des effets que produisent leurs modèles; péristyles,
dans lesquels le choix des matériaux, leur échantillon, l'espèce de
l'appareil, tels que les faisoient les Grecs et les Romains, qu'il faudroit
imiter en tout, sont totalement perdus de vue. De plus, il résulte
des mesures légères prises au moment où les plans ont été conçus
et tracés; il résulte de l'oubli des règles de l'art de bâtir, que dans
l'exécution, lorsque les colonnes sont érigées à la hauteur de leurs
chapiteaux, la construction des entablemens, des plafonds et des
voûtes, est confiée toute entière aux moyens pratiques de l'appareilleur
et du serrurier.

C'EST un malheur pour l'architecture que les ouvriers fassent les
édifices.

CE n'est pas ici une injuste et vaine déclamation contre les ouvrages
des architectes, auteurs de ces péristyles nouveaux; la vérité de ces
réflexions se trouve non-seulement dans la comparaison que l'on peut
faire des plans de ces mêmes péristyles, avec les plans de ceux des
monumens anciens; mais aussi dans le parallèle de péristyles modernes imités de l'antique, qui embellissent la capitale, et entre eux
tels que celui de la Sorbonne côté de la cour, et celui de l'église
de l'Assomption.

LE frontispice hexastyle de la Sorbonne, considéré sous le double
rapport de son ordonnance et de sa construction (1), réunit le double
avantage d'être d'une noble et belle architecture, et construit très-
solidement. L'architecte habile qui en est l'auteur, a tracé des grouppes

(1) J'ai décrit cet édifice dans mon      tiques, etc., pag. 29.
chapitre De l'impuissance des mathéma-      Paris, 1805.

de colonnes aux extrémités du plan , d'où résultent les plus heureux
effets ; d'où résulte une telle force, quoique les plates-bandes soient
appareillées par claveaux, que le secours du fer pouvoit y être dédaigné , sans compromettre en rien la solidité du péristyle. Le seul
linteau de fer placé dans l'axe de la plate-bande du milieu et dans
celles des deux espacemens suivans , prouve assez la surabondance
de cette armature ; et comme les fers sont apparens, ils ne peuvent
pour l'avenir , par aucune cause, influer sur le sort du monument.
La grande voûte construite en pierres de taille , qui embrasse les
trois entrecolonnemens du milieu du portique, a dans les grouppes
de colonnes, des points d'appui directs, les plus puissans. Ces divers
avantages sont les conséquences nécessaires de la bonté du plan de
ce frontispice , de l'observation rigoureuse des lois de l'eurythmie ,
et il est une imitation des plus parfaites des péristyles des anciens.

Quant au second exemple de péristyles, celui de l'église de l'Assomption ( rue S.-Honoré ), quoiqu'inférieur dans sa composition à celui
de la Sorbonne ; les dispositions étudiées de son plan le rendent
digne de remarque.

Le plan de ce portail est un hexastyle corinthien ; le diamètre
des colonnes a trois pieds ; une voûte construite en pierre de taille
en couvre l'étendue entière. Ce péristyle n'a point de grouppes de
colonnes , comme celui de la Sorbonne ; mais l'architecte Errard a
combiné les espacemens avec intelligence , ceux des extrémités ont
un diamètre un quart, celui du milieu est plus grand ; deux entre-
colonnemens égaux aux premiers forment les retours du portail ,
dessinés par les colonnes d'angles et une intermédiaire correspondant
à un pilastre adhérent au corps de l'édifice. C'est sur ce plan que
repose la voûte en plafond , dont la largeur a dix pieds. Ici, le
rapport entre le diamètre de la voûte et celui des colonnes , est
d'un à trois.

G 2

Les premiers moyens de solidité de ce péristyle existent dans son plan composé de colonnes très-serrées, et de leur position à l'égard des murs du fond du portail, mais dont le seul rang eût été insuffisant pour résister à la poussée de la voûte. Il a donc fallu que l'architecte eût recours au fer comme un auxiliaire indispensable, et qu'il a adopté avec autant de simplicité que de force relative. Les armatures consistent dans les pièces suivantes.

Quatre chaînes de fort calibre, sont placées dans l'axe des colonnes du frontispice, encastrées dans la douelle des voussoirs. Quatre autres chaînes sont établies sur l'extrados de la voûte. De plus, les cinq plates-bandes de la face du péristyle, celles des côtés, sont armées également de chaînes ou linteaux encastrés et apparens.

Dans cette construction, les quatre chaînes extérieures remplissent une double fonction; la première, de contenir la poussée de la voûte; la seconde, de réduire la force de cette puissance, en soutenant une partie du poids des voussoirs, dont l'action est par là réduite et totalement comprimée par les chaînes supérieures correspondantes aux inférieures.

Cependant, observons-le, les chaînes portantes ne pourroient agir efficacement contre le poids des voussoirs, dans le cas où la voûte auroit quinze pieds de diamètre. A ce terme, et même à un moindre, le fer, quels que soient son calibre et sa ductilité, s'il ne rompoit pas, il éprouveroit un fléchissement; et comme tout l'effort s'opéreroit dans les œils forgés des chaînes dont la force dépend du degré de perfection de la main-d'œuvre, rien ne garantiroit la solidité d'une pareille construction.

Si le portail de l'Assomption existe depuis plus d'un siècle; cependant je ne l'offrirai point comme un modèle à imiter dans sa

construction, avec sa voûte en plafond ; je le cite parce qu'il a dans
cette partie même des combinaisons étudiées , avantages que n'ont
point pour la solidité , les péristyles qui s'élèvent sous nos yeux.

Malgré la perfection que plusieurs des péristyles érigés en France
réunissent, pour la plupart construits par claveaux dans leurs plates-
bandes ; ceux des Grecs et des Romains dont les plates-bandes sont
en un seul morceau , l'emportent de beaucoup sur les nôtres , par
la force de leur construction à laquelle tout concourt.

La raison de cette force particulière est frappante. Elle résulte
et de la qualité des matériaux , granit ou marbre ; de leur échantillon , tous morceaux d'élite et d'un appareil très-simple. De plus,
les pierres des architraves et de l'entablement entier sont mises en
œuvre, dans leur état naturel , sur leurs lits. Il résulte de cette
pose, que l'action de la pesanteur s'exerce verticalement sur les colonnes , aucun effort latéral n'a lieu ; toutes les parties restent dans
un repos complet. Voilà comment les péristyles antiques sont d'une
stabilité inaltérable.

Le système de bâtir des anciens se rapproche le plus de l'unité ,
qualité si desirable et si utile en tout. C'est à ce système et à l'amour
honorable de la célébrité , que nous devons le charme dont nous
jouissons , après vingt siècles écoulés , à l'aspect de ces monumens
où le génie , le goût, la science ont présidé à l'invention et à la
composition ; monumens dont la beauté et la solidité assurent à leurs
auteurs une gloire immortelle.

La construction de nos péristyles modernes est bien différente.
Le volume des claveaux est généralement foible ; l'appareil en est
compliqué ; les pierres qui construisent les plates-bandes sont posées
leurs lits en joints. Dans cet état , les claveaux sont dans une

permanente activité contre la résistance. Or, pour vaincre efficacement de pareils efforts, la loi des espacemens serrés devient d'autant plus nécessaire; et pour l'exécuter habilement, il faut toutes les ressources de l'imagination et de la science. Se livrer au fer dans ces constructions, est établir un germe de destruction dans l'édifice, par la lutte qui reste toujours subsistante entre les deux forces opposées dont l'une l'emporte de beaucoup sur l'autre, conséquemment impossibilité de se maintenir toujours en équilibre (1).

DONC les péristyles de nos jours, dont les plans sont d'une composition grêle, dont les entablemens sont appareillés par de foibles échantillons de pierre, dont les plates-bandes sont faites de petits claveaux, dont les chapiteaux et les sommiers ont éprouvé de larges excavations pour la pose des ancres, de profondes tranchées pour l'encastrement des chaînes, des mouffles, etc.; ces péristyles dont l'immobilité des voûtes et de toutes les parties n'est due qu'à la force précaire du fer; ces productions n'ont rien de comparable en ordonnance ni en construction avec les péristyles que nous devons aux Grecs et aux Romains, ni avec ceux les plus estimés chez nous.

DONC, c'est une vanité puérile de penser imiter les péristyles antiques, lorsqu'on fait des copies si peu conformes à ces modèles. Nous verrons bientôt les causes particulières du peu de succès, sous le rapport de la grande architecture, des péristyles que nous voyons ériger dans la capitale.

SI les architectes français veulent conserver leur réputation méritée chez tous les peuples qui cultivent les beaux-arts; c'est le grand genre auquel ils doivent s'attacher uniquement, celui-là qui est presque

(1) L'un de ces péristyles nouveaux, je m'interdis de le nommer, a récemment éprouvé des déchiremens dans les plates-bandes; effets qui tiennent à différentes causes, dont celles que je décris ici font partie.

dédaigné aujourd'hui, quoique tout semble devoir l'inspirer et devoir le faire revivre : *dans tous les arts, c'est toujours le grand genre qu'il importe de perfectionner ; c'est celui-là qu'on abandonne toujours le premier dans les tems de décadence.*

Si donc les architectes français veulent que leurs ouvrages subsistent une longue suite de siècles ; ils doivent dans la construction de leurs édifices, observer rigoureusement les principes et les moyens établis par les anciens. Il faut qu'ils donnent dans la construction des péristyles les soins les plus recherchés à leurs fondemens ; que les empattemens en soient de beaucoup excédant la saillie des bases et des colonnes, quoique l'action du poids ne doive point s'exercer sur elles, et qu'elles en soient indépendantes : l'isolement des corps portant, les colonnes, exige d'autant plus l'observation rigoureuse des lois sur les fondemens des édifices.

Il faut que nos architectes proscrivent dans les entablemens de leurs péristyles, tout emploi du fer. Qu'ils y réfléchissent ; les compositions d'architecture qui, dans l'exécution, exigent cet auxiliaire comme indispensable, sont vicieuses dans leurs plans ; et malgré pour la multitude, le charme apparent qu'en offrent les dessins, fausses et futiles images, ces compositions restent de beaucoup éloignées du genre mâle et noble de l'architecture antique, qui porte tout à-la-fois le caractère de grandeur et de force qui lui est propre.

Si cependant des plans bien conçus de péristyles dessinés avec des dispositions larges et capables de produire des masses harmonieuses, par des obstacles invincibles ne pouvoient être construits dans les plates-bandes, leur frise et leur corniche, en morceaux d'échantillon à la manière des anciens (1) ; alors les plans seront combinés, tou-

(1) J'ai indiqué, dans mes ouvrages, les ressources dont nous jouissons en

jours dans le même esprit, pour que les colonnes puissent résister seules par leur plantation et leur nombre à l'énorme poussée des plates-bandes, des plafonds et des voûtes; et toujours sans l'emploi du fer. Dans ce cas, on aura recours aux pierres dures du plus bel échantillon et du banc le plus haut (à l'exclusion de toutes pierres tendres) (1), en sorte que les claveaux soient de fortes dimensions et conséquemment en très-petit nombre (2).

D'après les conditions imposées par l'art de bâtir pour la solidité des péristyles appareillés par claveaux, et que j'expose ici; l'on juge aisément que tout péristyle dont les colonnes ne sont point serrées dans leurs espacemens, dont les files sont simples dans leurs plans et distantes des murs qui leur servent de fond, de plus de deux diamètres; ces péristyles ne peuvent être construits que par des moyens mécaniques. D'où l'on concluera que tels de nos péristyles dont les colonnes ont quatre pieds de diamètre et de l'espèce que je viens de décrire, dans leurs plans, ne peuvent être d'une longue durée, n'étant armés, comme ils le sont, dans les plates-bandes que par de simples tirans et des ancres; et le terme de leur ruine dépend uniquement d'une foule de causes fortuites, mais inévitables.

France, de bancs de pierre ou de marbre, pour construire les plates-bandes en un seul morceau.

Je possède des échantillons d'un granit superbe que produit le canton de Plouarzel, près de Brest, dont les masses, très-abondantes, produisent des blocs des plus fortes dimensions, et à volonté.

Tous les édifices de Brest sont bâtis de cette pierre. On en fait un grand usage dans les travaux maritimes.

Je dois ces échantillons, et plusieurs autres, à l'architecte du port de Brest, M. Trouille, artiste d'un mérite distingué.

(1) Je n'admettrois en pierres tendres, que celles de Vergelé et de Torcy, par économie pour la construction des plates-bandes.

(2) C'est l'espèce d'appareil que j'ai tracé pour les avant-corps qui fortifieroient les murs extérieurs de la Halle au blé de Paris.

Ces

Ces réflexions conduisent à juger avec rectitude et d'après les principes, le péristyle, l'un des plus importans et par sa masse et par la grandeur du module de l'ordre dont nous n'avons pas d'exemple en France, péristyle qui a été commencé à la fin du XVIII°. siècle: je veux parler du portail de l'église de la Madeleine (1), sur l'emplacement duquel va s'élever le temple de la Gloire, en l'honneur des hauts faits de l'immortel héros qui gouverne la France, et de ses armées valeureuses, monument vraiment national.

L'édifice entier de l'église de la Madeleine avoit été tracé par des mains inhabiles, et ses constructions déja avancées n'étoient solides dans aucune de leurs parties ; conséquences nécessaires des vices nombreux de son plan, et des fausses mesures prises dans l'établissement de ses fondemens.

Les péristyles extérieurs dont ceux des côtés, plantés sur une ligne oblique à l'égard du corps du temple, étrange disposition ; ces péristyles sont une imitation maladroite et d'écolier, des péristyles périptères antiques : la description suivante va le prouver.

Une file de huit colonnes corinthiennes dessine le frontispice de ce temple ; deux colonnes, une de chaque côté et en seconde ligne, ne correspondent pas, même dans le plan, aux antes du corps de l'édifice ; une suite de sept colonnes en retour, y compris celle d'angle, forme avec les premières l'ensemble de ces péristyles. Le diamètre de l'ordre a six pieds, et la hauteur soixante pieds. Tous les espacemens égaux entre eux ont deux diamètres. Les quatre colonnes du milieu du frontispice de la Madeleine sont distantes de cinq diamètres des murs où sont les entrées du temple.

(1) Le plan de ce temple a été publié     tous les artistes.
par la gravure ; il est dans les mains de

H

Les principes de la construction des péristyles condamnent un pareil plan ; il devoit être composé tout autrement pour recevoir des plates-bandes, des plafonds ; il est impuissant pour porter aucune espèce de voûtes en pierres de taille (1) ; la seule et unique espèce d'entrecolonnemens qui convienne à une ordonnance corinthienne et d'un si grand module, est *le picnostyle*, un diamètre et demi, soumis à des proportions graduées du centre du péristyle à ses extrémités. Ici, l'espacement de *deux diamètres* donne treize pieds au chapiteau des colonnes. La nature grêle du plan des péristyles du temple de la Gloire ne permet point d'avoir recours au fer, cet auxiliaire si redoutable, si dispendieux, et tel qu'il a été employé au frontispice du Panthéon français. Le plan de celui-ci avoit plus de ressources par les grouppes de colonnes, pour la construction mécanique de ses plates-bandes, exemple d'ailleurs à ne jamais imiter ; le plan du premier édifice n'en offre aucune. En vain ajouteroit-on quelques nouvelles colonnes à ce mauvais plan, celles construites s'opposent à toutes combinaisons que le génie et la science inspireroient à l'architecte le plus habile, pour une noble ordonnance et une construction solide.

Conséquemment, le plan général de l'église de la Madeleine est vicieux dans toutes ses parties, sans exception ; l'art de bâtir condamne à la démolition le corps entier de l'édifice déja construit dans la hauteur de cinquante pieds, ainsi que les colonnes de ses péristyles extérieurs. Il ne doit rester des premières constructions aucune pierre sur pierre ; il faut enfoncer le sol, atteindre le tuf le plus ferme, et sur un niveau parfait établir un plateau général

---

(1) J'ai eu l'occasion de dire à l'architecte chargé de cette grande opération, que c'étoit en vain qu'il comptoit conserver les péristyles extérieurs entre les autres parties de l'édifice qu'il démolit. Je donne aujourd'hui les raisons qui m'ont dicté cet avis.

La conservation de ces péristyles du frontispice, seroit une économie dangereuse, perfide.

de plusieurs assises dans toute l'étendue du plan , et traiter les fondemens tels que Soufflot les a faits si sagement à Ste.-Geneviève (1),
Tout est à faire pour le temple de la Gloire.

C'est là où conduit un mauvais plan et l'ignorance de l'art de
bâtir.

Sans doute, osons le dire : ce n'est point dans l'agitation des cercles
et des plaisirs ; en fréquentant les coulisses ; ce n'est pas dans les
combinaisons actives de l'intrigue, où l'ame flétrie est absorbée toute
entière ; ce n'est pas dans cet état que la pensée de l'artiste s'épure,
s'élève ; que son esprit peut se livrer à des méditations profondes,
et recueillir les fruits de l'observation et des faits sur le grand art
de la composition et de la construction en architecture ; c'est dans
la retraite, par les recherches les plus étendues , que l'architecte,
dominé par un noble amour de son art, produit de grands et beaux
ouvrages.

Ecoutons à ce sujet , l'un des plus beaux génies de la France ;
Molière dit :

> Qui se donne à la cour, se dérobe à son art ;
> Un esprit partagé rarement s'y consomme ,
> Et les emplois de feu demandent tout un homme.

Cette digression n'est nullement déplacée , nos mœurs actuelles
l'autorisent; et, sans doute, que l'auteur du monument que j'examine,
a plus vécu dans le monde que dans son cabinet ; vérité prouvée par

______

(1) J'ai décrit les soins extrêmes donnés par Soufflot aux fondemens de son temple de Ste.-Geneviève : modèles parfaits à imiter. Chapitre *Des fondemens des édifices publics*, pag. 18 et 19. Paris , 1804.

H 2

l'étrange composition de son plan, et par la faveur d'avoir obtenu une aussi importante opération.

Les péristyles de l'église de la Madeleine, démontrés inexécutables dans leurs entablemens, leurs plafonds et leurs voûtes, deviennent une grande preuve qu'il ne suffit pas pour composer des morceaux d'architecture de la première classe, d'avoir la connoissance de l'ouvrage de Vitruve; d'avoir examiné les collections nombreuses des monumens anciens de la Grèce, de Balbek et de Rome, enrichis de péristyles. Il ne suffit pas également d'avoir même visité les lieux célèbres, couverts encore des plus belles ruines d'architecture; il faut, avant tout, que l'architecte qui dessine et compose des péristyles, ait du génie et de la science; la nature seule accorde l'un, l'étude, le travail procurent l'autre.

Cet exemple extraordinaire de la nécessité de démolir toutes les constructions du temple de la Madeleine, les murs d'enceinte, les péristyles intérieurs et extérieurs, de dépouiller le sol entier qui les reçoit, de le mettre à nud; cet exemple digne de figurer au même siècle où des ponts nouveaux ont écroulé, cet exemple, il faut l'espérer, produira deux effets utiles à la société.

Le premier, celui de rendre les ordonnateurs des édifices publics, moins confians dans la protection mendiée auprès d'eux, par des sujets qui ne sont que de téméraires ambitieux.

Le second effet à attendre, et à la vérité, le plus difficile, est de voir tels architectes, moins présomptueux à l'avenir, pour oser se charger de l'ordonnance et de la construction de monumens qui exigent des qualités si rares à réunir.

Les amateurs des beaux-arts ont à desirer que dans l'ordonnance du temple de la Gloire, l'esprit algébrique ne vienne point répandre ses glaces, comme nous en faisons la triste expérience dans l'un de nos plus beaux édifices modernes, et n'y introduise pas des formes gothiques. Les artistes de toutes les classes, en partageant le même sentiment d'intérêt pour l'ordonnance, forment les vœux les plus ardens pour que les principes propres et particuliers à la construction des grands édifices, règlent seuls, dans le temple de la Gloire, les rapports qui en garantissent la solidité, les forces directes, principes qui rejettent les armatures, les grils de fer.

Sans doute que l'architecte à qui cette honorable entreprise est confiée, élevera ses pensées à la hauteur de son sujet; il tracera ses péristyles, non pas en échiquier, mais avec les distributions les plus propres aux grands effets et à la puissance contre la poussée des plates-bandes et des plafonds. Il donnera aux murs d'enceinte de son plan toute la force que l'art commande pour porter une voûte de *soixante-quinze* pieds de diamètre. Les mesures, à cet égard, seront telles, qu'il n'y ait pas de nécessité, un jour, de substituer une misérable voûte mécanique de fer, à celle qui seule convienne à un édifice du premier rang, et que tout commande de construire en pierre de taille. Ce monument fait pour passer à la postérité la plus reculée, sera le premier, en France, composé d'une voûte d'un aussi grand module, monument qui ne le cédera en rien aux plus belles fabriques en ce genre dont s'enorgueillit l'Italie, et comme elles, qui sera fortement constitué.

Passons maintenant aux causes particulières du peu de succès, sous les rapports de la composition, dans les péristyles qui s'érigent aujourd'hui.

Les péristyles extérieurs ne conviennent qu'à un petit nombre d'édifices; leur magnificence, les conditions rigoureuses qu'ils imposent pour leur ordonnance et leur construction, en sont les premières raisons. L'usage de la plupart des bâtimens , même ceux publics, s'oppose encore à ce qu'ils soient décorés de péristyles.

Je dis que le *grandiose* dont les péristyles sont susceptibles , dépend de la nature du plan, dépend des espacemens proportionnés des colonnes qui doivent être habilement graduées. Ce *grandiose* dépend encore des lisses des murs qui servent de fond aux péristyles, murs qui , à l'extérieur, ne doivent être ouverts que d'une seule baie.

Perrault , que le génie de l'architecture inspiroit dans ses nobles compositions, Perrault avoit parfaitement jugé de cette condition, en dessinant des niches enrichies de figures sur les fonds de son péristyle du Louvre ; il lui avoit ainsi attribué le caractère de grandeur que doit porter, dans sa façade principale , le palais d'un souverain (1).

Les temples de l'antiquité, les plus célèbres, ceux de Minerve, à Athènes, de la Rotonde, à Rome, de la Maison carrée de Nismes, en France, qui subsistent encore, si différens entre eux , par leurs plans , leurs dimensions et leurs constructions, ces temples réunissent toutes les conditions voulues par le goût et le jugement dans les péristyles qui les enrichissent ; aussi, offrent-ils à l'œil étonné qui les contemple, les plus beaux effets.

Mais , si les temples se concilient si heureusement dans leur ordonnance , avec les différens péristyles , il n'en est pas de même des édifices consacrés à l'habitation qui ne peuvent admettre les *périptères* et les *diptères*.

En effet , les intérieurs des bâtimens de cette classe doivent jouir d'un jour direct, et les galeries de colonnes qui règnent dans le pourtour

______

(1) Les niches ont disparu depuis quelques années. Des baies de croisées les remplacent. Le public a prononcé sur cette innovation.

des corps habités s'y opposent. Dans ces édifices, les baies de portes
et de croisées sont obligées aux différens étages ; elles exigent que les
espacemens de colonnes soient tous égaux, et ne permettent que de
maigres et étroits trumeaux qui les séparent. Ce n'est pas tout : les
angles du corps de l'édifice, qui, dans tous les bâtimens, doivent être
les parties les plus larges, les plus fortes, et pour l'effet dans l'ordonnance, et pour la solidité dans la construction ; ces mêmes angles, au
contraire, sont plus foibles que les trumeaux intermédiaires, en sorte
que ces extrémités deviennent d'autant plus insuffisantes pour soutenir
l'action des doubles plates-bandes qui s'y attachent. Or, d'après les
données impérieuses dans un bâtiment d'habitation, les colonnes des
péristyles dont il est environné, y perdent dans le tableau perspectif,
tout le charme dont cette ordonnance est susceptible, lorsqu'elle est
traitée par des mains habiles, et adaptée aux seuls édifices qu'elle
caractérise et qu'elle enrichit à propos.

Les principes sur la construction des péristyles exposés dans ce
chapitre, seront reconnus vrais et accueillis par tout architecte doué
du génie de l'art, savant et expérimenté : il n'en est pas un de
cette classe qui ne sache combien est difficile la composition des
péristyles, combien l'exécution exige de combinaisons appropriées à
la nature des plans. Ces mêmes architectes connoissent combien il
importe à la réputation de l'artiste, de se défendre de la séduction
d'ériger des péristyles dans des édifices qui n'en permettent point
l'application.

Les anciens, dont la sphère des idées étoit si vaste, si élevée,
dont le jugement étoit si sain, si sûr, les anciens ne confondoient
point les genres, ni les caractères dans aucune branche des beaux-
arts, comme on le fait aujourd'hui : aussi, jamais ils n'ont tracé
de péristyles *périptère*, *diptère*, *pseudodiptère*, que dans les plans
des temples auxquels ce genre d'ordonnance convient spécialement.

Déroger à ces exemples, qui font loi, en décorant de péristyles des bâtimens quelconques, c'est manquer son but, celui de produire de grands effets; composer de tels plans, c'est sacrifier le jugement et le goût en architecture.

Avant de terminer ce chapitre, sur la construction des péristyles, j'insisterai encore sur les avantages de la manière des anciens, qui, seule, procure aux colonnes qui les composent, une indépendance absolue les unes des autres, quel qu'en soit le nombre; elle est, cette indépendance, une des causes principales qui les font traverser une longue suite de siècles. Il existe, en effet, une foule de fragmens antiques; des colonnes sont restées sur pied, tandis que les corps des édifices, dont elles faisoient partie, ont disparu; ces colonnes réduites à deux et trois seulement, dans tels lieux de la Grèce et de l'Italie, sont restées debout pour transmettre des faits intéressans de l'antiquité, qui, sans elles, auroient été inconnus. Ces avantages ne peuvent être obtenus de nos péristyles modernes, par les siècles futurs.

## Des Frontons.

Les frontons qui, dans les péristyles, décorent les frontispices des temples, les façades des palais, et des autres édifices publics, sont une partie importante de construction. C'est encore dans les monumens de l'antiquité qu'il faut puiser les proportions qui leur conviennent, et les moyens de leur solidité.

On distingue deux espèces de frontons, l'un triangulaire, l'autre circulaire. La première espèce, celle que les anciens ont constamment employée, est le seul sujet de ce chapitre.

Les frontons triangulaires, sous le rapport de la construction,
semblent,

semblent, par leur forme pyramidale, ne devoir opérer aucun effort latéral. Sans doute que si le plan des frontons avoit été de large dimension dans leurs bases, les constructions seroient dans un repos absolu. Mais il en est tout autrement, leurs bases sont peu larges et longues, et la position inclinée des deux corniches qui les couronnent, tend naturellement à les faire glisser; c'est le plus grand obstacle à vaincre dans cette nature de construction. L'appareil seul des pierres qui les composent, peut s'opposer à un pareil mouvement.

Les anciens ont parfaitement jugé la nature de la construction des frontons, et leurs moyens ont été tellement efficaces, que, dans beaucoup d'édifices érigés par eux, plusieurs ont conservé en partie ou en totalité, leur fronton. Les architectes de l'antiquité sont parvenus à ce résultat heureux, par l'indépendance qu'ils ont établie entre les morceaux différens qui composent les deux corniches rampantes des frontons. Les exemples se présentent en foule en preuve de ce que j'avance ici; mais je me bornerai à en citer quelques-uns.

Parmi les temples de Pœstum, diversement mutilés dans leurs frontons, l'un d'eux a son sommet brisé, tandis que les autres parties sont restées intactes; dans un autre, les assouchemens seuls n'existent plus. Au temple de Minerve, à Athènes, les parties supérieures des corniches sont mutilées, les assouchemens, au contraire, sont sains et entiers. Il en est de même au temple de la Concorde, à Rome, dont les assouchemens et le timpan restent inébranlables.

Il est donc évident que le genre de construction des frontons des monumens de l'antiquité, est le plus puissant pour la solidité, qu'il tient de l'espèce de l'appareil des corniches. Les savans architectes qui ont construit ces édifices, se sont bien défendu d'établir des chaînes régnantes et des ancres, à la manière de nos grands constructeurs du jour; et leurs moyens consistent dans ceux que je vais décrire.

I

L'ASSOUCHEMENT des frontons, premières parties des corniches rampantes , est construit de pierres dont l'échantillon permet que sa masse l'emporte sur celle de la saillie de la corniche, et d'une hauteur qui comprend une partie de celle oblique avec ses cimaises. Dans ces frontons, un seul morceau au sommet porte, de chaque côté, une portion du profil rampant ; la hauteur de l'assise est telle, qu'il a son lit de dessous horisontal , et qu'il sert de clausoir au timpan ; les morceaux de corniches intermédiaires aux précédens font tous partie du timpan, et conséquemment ont leurs lits horisontaux.

TELLE est l'espèce d'appareil qui se suffit à lui-même, et qui n'exige aucun emploi du fer dans la construction des frontons (1).

QUANT aux timpans des frontons, la construction peut être faite de matériaux de natures différentes, de pierre ou de brique, ou de ces deux matières réunies ; ils sont soumis à des combinaisons variées par des arcs plus ou moins grands, et des courbes en segmens de cercle ou en plein cintre, tous subordonnés aux points d'appui qui les portent. Les monumens antiques nous donnent beaucoup d'exemples de timpans des frontons diversement construits.

## Des Dômes érigés sur pendentifs.

JE dois maintenant parler des dômes. Je vais établir les principes de la construction des supports, de ces bases puissantes sur lesquelles s'élèvent avec autant de pompe que de magnificence , ces superbes

(1) J'ai adopté ce même appareil pour la construction du fronton en pierre de taille de la salle de vente de la succursale du Mont-de-Piété, à Paris, rue des Petits- Augustins, faubourg St.-Germain. Je n'y emploie aucune chaîne sous les corniches rampantes.

coupoles, conceptions hardies, imposantes qui se dessinent au dehors avec tant d'intérêt sur l'azur des cieux ; conceptions dont la pensée primitive due aux anciens, prouve tous les ressorts de l'esprit de l'homme et les ressources de son génie dans la composition et la construction des édifices.

A l'époque de la révolution, il y a vingt ans, alors qu'une fermentation générale agitoit tous les esprits de la société ; les idées sur le grand et le beau dans les arts se brouillèrent ; alors s'éleva un système fanatique contre les dômes.

Une circonstance extraordinaire, la catastrophe de la destruction des piliers du dôme du Panthéon français, qui éclata en 1797, donna à ce système un certain crédit. Les qualités rares à posséder pour tracer et exécuter un dôme avec succès, le firent accueillir d'un nombre d'architectes, et de la multitude incapable de juger et sentir le grand et le charme des productions des arts.

J'ai combattu à sa naissance et successivement ce ridicule et misérable système, fort des autorités que j'invoquai ; fort des exemples que je citai et les plus capables de frapper les bons esprits (1).

La construction des supports des dômes, est de toutes les branches de l'architecture, celle qui exige le plus de ressources dans l'imagination pour l'invention des plans, le plus d'habileté dans la combinaison des masses pour obtenir d'elles de beaux effets dans l'ordonnance générale, et une solidité réelle dans la construction de ces

---

(1) *Moyens pour la restauration des piliers du dôme du Panthéon français*, pag. 6, 7 et 8.
Paris, M. DCC. XCVII.

*Des erreurs publiées sur la construction des piliers du dôme du Panthéon français*, pag. 24, 25, 26 et 27.
Paris, août, 1806.

I 2

riches et magnifiques compositions, où les seuls points d'appui directs doivent être appelés.

Nous avons démontré que ce n'est pas dans les théories scientifiques qu'il faut chercher les principes de la solidité des voûtes ; elles sont également *nulles* pour la solidité des dômes, dont les plans sont soumis à l'harmonie linéaire du genre le plus pur et le plus noble. Les plans extraordinaires d'une architecture sans proportions tracés par des géomètres savans et exercés dans les constructions, pour la restauration des piliers du dôme du Panthéon français ; les débats, les opinions opposées qui se sont élevées entre eux, sur les causes de leur destruction ; cette grande affaire a assez prouvé d'abord, que l'invention des plans n'étoit pas de leur ressort ; et ensuite toute l'incertitude dans laquelle ils étoient réduits avec les calculs mathématiques, sur les principes constitutifs de la construction des dômes.

L'ART de construire les dômes a été créé par les plus beaux génies qui aient honoré l'architecture ; les Michel-Ange, les Vignole, les Philibert Delorme, les Desbrosses, les Mansard, les Wren ; et entre les admirables productions en ce genre d'hommes si célèbres à tant de titres, les dômes du Val-de-Grace, des Invalides, et de St.-Paul de Londres, tous trois érigés sur des pendentifs, renferment les vrais principes de la construction des dômes.

L'ON sait que l'épaisseur des voûtes dépend de la grandeur du diamètre, de leurs espèces, ou en plein cintre, ou ogive, ou en plafond ; que l'épaisseur dépend aussi de l'échantillon fort ou foible des matériaux qui les construisent, pierres de taille, briques, etc. L'on sait que dans tout édifice composé de voûtes, les épaisseurs de celles-ci doivent être fixées avant tout, et que leur mesure détermine l'épaisseur des murs qui les reçoivent.

Or, les coupoles ou voûtes qui couronnent les dômes, sont soumises à cette même gradation à l'égard de la tour qui les porte. Mais les supports de ces plans supérieurs, les piliers qui remplissent à leur égard les fonctions de fondemens immédiats ; ces supports sont, par leur position, dans des rapports particuliers avec la tour et les voûtes, qui imposent des conditions particulières. Les piliers, dans ce genre de composition, portent le dôme entier sur des pendentifs qui sont de véritables encorbellemens ; et ces piliers reçoivent à la fois toute la charge des voûtes des nefs ; l'art de bâtir prescrit conséquemment des règles spéciales pour la solidité des dômes de cette espèce et du premier ordre ; elles se réduisent à trois principales.

La première règle veut que les masses cubiques des piliers excèdent de beaucoup celles des piles de la tour ; elle veut que leurs têtes aient un front large et qui forme avant-corps sur les lignes des nefs, d'où résulte dans les entablemens une saillie nécessaire à l'entrée du dôme. Ces corps ne peuvent être omis que dans le cas où le plan de l'édifice se compose dans les supports de masses capables de résister contre l'action des voûtes des nefs et au poids du dôme. Autrement, blâmer ces corps saillans à la tête des nefs, est ne point connoître la nature de cette ordonnance, ni celle de ce genre de construction.

Nous remarquerons à ce sujet, et pour rendre d'autant plus sensibles les principes de la solidité des dômes, que les corps saillans étoient impérieusement commandés dans le plan de restauration des piliers du dôme du Panthéon. Ici, d'après l'extrême petitesse dans le premier plan, les piliers devoient être d'autant plus augmentés ( ce qui n'a pas été fait ), d'après les raisons particulières que je donnerai bientôt.

La seconde règle pour la solidité des dômes sur pendentifs,

conséquence de la première , exige que les arcs-doubleaux qui naissent des avant-corps dans le plan des piliers , soient dessinés avec des formes grandes , nobles et riches , qui l'emportent en magnificence sur toutes les autres parties de l'édifice. On ne peut déroger à ces principes de l'ordonnance ; le plan d'un dôme est le foyer de la composition ; le spectateur doit donc y être conduit par gradation d'une architecture simple à une sublime. Si cette loi dictée par le génie , le jugement et le goût, est violée ( comme elle vient de l'être au Panthéon ), l'édifice entier est déshonoré ; et le peuple puissant, éclairé, qui a consacré des sommes considérables, uniquement pour offrir aux générations présentes et futures tout ce que peut produire de grand et de beau l'architecture , a totalement manqué ce but honorable.

La troisième et dernière règle pour la construction des dômes, commande que les pendentifs n'aient qu'une foible projection sur les piliers et que les pans coupés soient larges ; ce sont les points capitaux de la force qui garantit efficacement la solidité des dômes. Cette règle n'admet aucune exception : elle est fondée sur la nécessité que le plan de la tour du dôme repose presque verticalement sur le solide du plan des supports , au moins des deux tiers de son épaisseur.

L'observation fidèle des diverses règles que j'expose , exclut tout secours de moyens factices , indirects ; avec elles , les piliers forts par eux-mêmes sont indépendans des autres parties du plan général de l'édifice, ils se suffisent à eux seuls ; ils seroient privés tout-à-coup de toutes les distributions environnantes ; les piliers resteroient debout, et le dôme n'en éprouveroit aucune secousse.

Voila la théorie entière de la construction des supports des dômes, qui , conçue par un génie heureux , guidé par l'expérience , peut

assurer la plus complète solidité de ces fabriques , capables de produire tout ce que l'architecture a de plus étonnant en harmonie linéaire.

Si l'ingénieux Soufflot, dans ses recherches immenses , dignes de
son ardent desir de consolider les foibles bases de son dôme du
Panthéon , eût fixé son attention sur les principes que je viens de
décrire, au lieu de s'être livré , comme il a fait, aux systèmes modernes de bâtir qui ne consistent que dans les points d'appui indirects,
dans les grils , les châssis de fer (1); s'il ne se fût point confié à
la machine nouvelle à écraser les pierres qui l'a égaré sur leur force
réelle mises en exécution, et qui l'a conduit à juger que ses piliers
avoient une force décuple de celle rigoureusement nécessaire ; cet
architecte eût lui-même corrigé le plan de ses piliers , et nous jouirions
d'un magnifique monument. Mais , par une fatalité étrange , il ne
nous restera que l'ombre de ses pittoresques et brillans effets d'architecture que nous offroient ses péristyles intérieurs , dénaturés aujourd'hui et détruits en partie.

Indépendamment des principes généraux et de ceux particuliers qui
règlent la construction des supports des dômes , la restauration de
ceux du Panthéon exigeoit des conditions extraordinaires que je dois
rappeler, en traitant d'une matière aussi importante de l'art de bâtir.

1°. Une solidité complète.

2°. L'altération la moins sensible dans la distribution du plan
exécuté.

---

(1) Lorsque j'appris que dans la restauration des piliers du dôme du Panthéon, l'on y employoit des châssis de
fer qui unissent les anciennes constructions avec les nouvelles, je ne pus le
croire : cela m'a été confirmé, et est
conforme à la vérité. Du fer dans les
fondemens d'un édifice ! Car, les piliers
dans un dôme, en sont les fondemens.

3°. La conservation des péristyles intérieurs qui composent le temple, et ne leur porter aucune atteinte.

4°. L'EMPLOI de membres d'architecture des plus heureuses proportions (1).

L'ÉTUDE du plan général du Panthéon fait juger de tous les obstacles qu'il falloit vaincre dans la restauration des piliers, pour conserver dans l'ordonnance, l'unité et l'accord entre toutes les parties de l'édifice ; sans lesquelles qualités l'harmonie linéaire disparoissoit dans l'intérieur du temple, comme cela est prouvé aujourd'hui dans sa restauration nouvelle, objet unique cependant de son érection.

LE Panthéon, sous les rapports de la construction, exigeoit d'autant plus dans sa restauration d'être fortifié dans les bases de son dôme, qu'elles sont liées et dans une dépendance telle avec les péristyles, que la suppression d'une seule des colonnes qui les composent, la ruine d'un seul des seize pieds-droits au-dessus des entablemens et qui reçoivent les voûtes sphériques dans les quatre nefs ; cette suppression opéreroit aussitôt, l'une ou l'autre, la chûte totale du dôme, des voûtes, des plafonds et des péristyles ; les murs extérieurs resteroient seuls sur pied : aucun raisonnement scientifique, tout l'appareil des calculs des mathématiques transcendantes, ne peuvent détruire la vérité que je proclame ici.

(1) Le mémoire qui accompagne les plans, les coupes de mon projet de restauration, expose ce problème.

Pag. 4 et 5.

Paris, 1797.

Ce même problème est rappelé dans mon ouvrage, intitulé :

*Des erreurs publiées sur la construction des piliers du dôme.*

Paris, 1806.

J'ai décrit les différens projets que j'avois tracés, lorsque je me livrai à la composition du plan de restauration, pag. 13, 14, 15, etc., pour résoudre le problème.

*Moyens pour la restauration, etc.*

Paris, M. DCC. XCVII.

UNE

Une pareille dépendance entre les piliers et les péristyles des nefs, si contraire à une longue durée de l'édifice, devoit cesser; et pour y parvenir, il falloit que les piliers prîssent un accroissement considérable sur deux points exclusivement, l'un à la tête des nefs, l'autre aux pans coupés; un grand accroissement d'ailleurs à faire à ces piliers étoit indispensable pour assurer l'union essentielle qui devoit exister entre les premières constructions et les nouvelles; et la restauration exécutée reste, sous les rapports nécessaires entre les parties portantes et celles portées, de beaucoup insuffisante.

## De la Halle au blé de Paris.

L'examen du plan et des constructions de la Halle au blé se présente naturellement dans cet Ouvrage, après les chapitres des voûtes, des péristyles, des frontons et des supports des dômes. Cet édifice, dont les portiques et les greniers sont tous composés de voûtes, devient une étude utile pour l'art de bâtir, en y recherchant si le système de construction employé par l'architecte est conforme aux principes de la solidité des voûtes, ou s'il s'en écarte.

Pour fixer l'attention du lecteur dans cet examen, je lui offre le plan général et la coupe du bâtiment de la Halle; la même planche le mettra à portée d'apprécier les dissertations diverses qui se succéderont. Cette planche d'ailleurs réunit le plan et la coupe d'une voûte en pierre de taille que j'ai composée pour couvrir la vaste cour de ce monument; elle réunit aussi le plan des confortations devenues nécessaires aux murs extérieurs, que j'ai tracées et soumises aux conditions imposées pour la solidité des voûtes, des portiques et des greniers de ce grand édifice.

La Halle au blé de Paris, bâtie sur les plans de M. Camus, de

Mézières, date de l'an 1762, époque où ses fondemens furent jetés. Le terrain qu'elle occupe étoit l'hôtel de Soissons remarquable par la colonne astronomique érigée dans ce palais de Catherine de Médicis, vers le milieu du seizième siècle, par Bullant. Ce monument a été respecté, il est adhérent à l'une des piles à l'extérieur de l'édifice.

Le plan général de la Halle au blé, dont la forme est un cercle parfait, a deux cent onze pieds de diamètre, et la cour qui en occupe le centre, a cent vingt pieds; la hauteur des façades extérieures et intérieures est de quarante pieds quatre pouces.

Cet édifice public est distribué au rez-de-chaussée, par des piliers ronds de deux pieds de diamètre qui divisent les portiques en deux parties, l'une de seize pieds deux pouces de largeur, côté de la cour; l'autre de quinze pieds neuf pouces, côté de la rue. Au premier étage, les greniers embrassent le plan entier sans aucune distribution; ils ont trente-quatre pieds huit pouces de largeur, vingt-sept pieds six pouces de hauteur. Les corps des bâtimens ont quarante-cinq pieds six pouces, compris l'épaisseur des murs, dont ceux extérieurs ont cinq pieds dix pouces, dans l'axe des piliers, les murs sur la cour cinq pieds : les façades sont construites en pierres de taille; les voûtes d'arêtes des portiques, celle annulaire des greniers, sont en pierres et en briques ( le bois a été totalement exclu, et avec sagesse, de ce monument), nature de construction qui devroit être la seule admise dans tous les grands dépôts publics.

## Des Voûtes de la Halle.

La Halle au blé est très-remarquable, considérée dans l'ensemble de ses constructions; elle a joui, à cet égard, d'une certaine célébrité; on pourroit même encore la regarder comme un chef-d'œuvre de pratique. J'entends parler ici de l'application des moyens que procure l'exercice habituel en construction, dirigée par l'observation de ce qui a été fait, et non pas de la théorie des contrepoids, qui consiste dans la connoissance des proportions entre le tout et les parties d'un édifice.

La Halle au blé de Paris, est une preuve évidente de l'insuffisance des moyens pratiques employés seuls, qui jamais ne peuvent suppléer la science dans l'art de bâtir. En effet, les proportions nécessaires pour la solidité des voûtes, manquent dans cet édifice. Les murs extérieurs, les piliers ronds des portiques, parties principales du plan, sont foibles. L'on n'a point jugé, dans cette construction, toute la différence qui devoit exister entre la force des murs de la façade sur la rue, et ceux de la façade sur la cour, en raison de l'action opposée des voûtes d'arète des portiques, d'après leur plan circulaire, et principalement de l'*effort* de la voûte annulaire des greniers. Il falloit, d'après la nature du plan de la Halle, estimer le degré de la puissance à vaincre résultante de la divergence des voussoirs sur les murs extérieurs; en conséquence, leur attribuer des forces proportionnelles aux diamètres moyens des voûtes du rez-de-chaussée et du premier étage, et non pas, comme on a fait, dans une mesure approximative avec les diamètres apparens. On eût donné à ces mêmes murs, une épaisseur beaucoup plus considérable que celle de cinq pieds dix pouces qu'ils ont seulement.

C'est pourquoi, malgré le choix fait par l'architecte, pour la voûte des greniers, de la coupe sur-élevée, qui a vingt-sept pieds six pouces de hauteur sous clef, le diamètre visible étant de trente-quatre pieds huit pouces, malgré la légèreté de cette voûte ( neuf pouces ), dans ses parties supérieures construites en briques, et intermédiairement à celles en pierre, qui ont six pieds d'épaisseur à leur naissance au-dessus de la corniche; le défaut capital d'épaisseur dans les murs extérieurs, est devenu la cause de tous les effets de destruction qui se sont successivement développés dans les façades, dans les voûtes d'arêtes et la voûte annulaire, effets dont je rends compte dans le cours de mes dissertations, et contre lesquels il faut établir aujourd'hui des moyens efficaces de confortation.

La Halle au blé, ouvrage, dans sa construction, de praticiens exercés, qui ont tout fait pour la solidité, et dans laquelle, cependant, existent des causes de ruine; la Halle au blé est une preuve évidente, comme je l'ai dit, de l'impuissance des moyens les plus étudiés que puisse donner la pratique dans l'exécution des bâtimens, et plus encore lorsque le plan est vicieux dans des parties essentielles, comme est celui-ci.

L'état de rupture, de désunion dans les murs extérieurs et dans les voûtes de la Halle au blé, donne une importante leçon sur les proportions que doivent avoir les points d'appui des voûtes, par les fautes qui s'y rencontrent, pour les éviter. Cet édifice est à l'inverse de la construction de la grande salle du Palais de Justice, qui offre au contraire l'ordre des rapports qui constituent la solidité des voûtes les plus élevées et d'un grand module (1). Excellent modèle à imiter.

Cet état de foiblesse de la construction de la Halle au blé, est bien capable de détromper ceux des architectes qui se persuadent, et qui s'en expliquent, *que la science de la construction n'est qu'une science de pratique, et qui s'acquiert avec le tems*; et par suite, de se croire *savans eux-mêmes pour avoir bâti, mais dénués de*

---

(1) J'ai décrit les proportions de ce monument, dans le chapitre :      Pages 30 et 31.
                                             Paris, 1805.
*De l'impuissance des mathématiques, etc.*

*toute théorie.* L'architecte de la Halle au blé avoit beaucoup bâti, mais ce même édifice prouve qu'il n'étoit qu'un praticien.

Il n'est pas d'erreur plus nuisible à l'architecture dans ses conséquences, que cette confiance dans la pratique seule. Le raisonnement et l'expérience démontrent toute la fausseté de pareilles opinions.

Ignorent-ils donc, les architectes qui jugent ainsi de l'art de bâtir :

« Que le talent même le plus heureux avorte quand il n'est pas « développé par le travail, fécondé par une forte culture, nourri « et soutenu par des connoissances solides. »

*L'ignorance des principes de l'art de bâtir,* pour me servir des expressions d'un écrivain célèbre, *cesse, il est vrai, d'être déshonorante parce qu'elle est trop générale.*

L'architecture antique, la seule grande, la seule qui ait du style, la seule qui soit forte par elle-même, ne peut se perpétuer, se conserver, sans la connoissance des principes éternels de l'harmonie linéaire et du goût dans la composition, réunie à la connoissance des lois de la construction qui s'allient si bien aux principes de l'ordonnance. La science et le talent constituent le véritable architecte ; et la dernière de ces qualités seroit incertaine sans la première.

Si l'architecte de la Halle au blé de Paris eût possédé ces sciences diverses, il eût attribué à son édifice une stabilité durable, et pour des siècles ; et il ne faudroit pas, après quarante-cinq ans à peine écoulés, fortifier les murailles chancelantes qu'il a érigées, ni comprimer efficacement la puissance destructrice et la plus active des voûtes qui reposent sur elles (1).

(1) Voir, dans la seconde partie de cet Ouvrage, article *Des coupoles en fer,* le rapport sur les constructions supérieures de la Halle.

## De la nécessité de conforter les murs extérieurs de la Halle au blé.

L'OMISSION faite des principes propres à la construction des voûtes dans le plan de la Halle, que je viens d'indiquer, a provoqué les effets de destruction qui appellent des additions importantes dans ce même plan, pour la conservation de l'édifice, et qu'il ne faut point différer à exécuter.

DEPUIS vingt-cinq ans, l'on a successivement réparé les dégradations qui se sont manifestées dans les murs extérieurs, dans les voûtes des portiques, et dans celles des greniers de la Halle. Cependant, les mêmes effets s'y reproduisent, et il en existe encore de nombreuses traces, principalement dans les différentes voûtes.

UN tel état de choses, qui est celui du corps entier de l'édifice, commande d'avoir recours aux moyens les plus étudiés, les plus puissans, comme les mieux appropriés à la nature du plan, pour lui procurer une stabilité qui le défende efficacement de sa ruine. Je vais donc traiter du genre et de l'espèce de confortation qu'exige la Halle au blé.

IL est bien démontré, par la description fidèle et conforme aux dessins gravés (1) du plan et de la coupe de la Halle, et par les effets de destruction qui se sont développés dans ses constructions; il est bien démontré que le plan n'a point, dans sa composition, les rapports nécessaires entre l'épaisseur des murs extérieurs et le diamètre des voûtes.

(1) Consulter les figures n°°. 1 et 2 de la planche jointe à cet Ouvrage.

Le plan de la Halle, circulaire dans sa forme, dont les murs de l'intérieur qui dessinent la cour, sont inscrits à ceux de l'extérieur du monument; un plan de cette nature imposoit des proportions particulières dans les épaisseurs des murs, à raison du développement progressif de l'aire des voûtes, compris entre deux cercles dont les diamètres diffèrent de soixante-neuf pieds quatre pouces, l'un de l'autre; d'où résultent, d'une part, divergence dans la coupe des voussoirs, et de l'autre, convergence; en sorte que la puissance des premiers est énorme; celle des seconds, très-inférieure.

Il n'en est pas dans un plan circulaire qui reçoit des voûtes, comme dans celui qui est parallélogramme; les épaisseurs, dans le premier, sont très-différentes entre les murs qui sont inscrits, tandis qu'elles sont égales entre les murs du second plan, qui sont parallèles. Cette différence n'a été qu'apperçue, comme je l'ai dit, dans les épaisseurs données aux murs de la Halle au blé, car ceux extérieurs ne sont que de dix pouces plus épais que ceux intérieurs, qui sont eux-mêmes réduits à leur dernier terme de force.

Telles sont les remarques générales que fait naître la constitution du plan de la Halle.

Mais l'examen particulier des piles intermédiaires aux arcades de la façade intérieure, apprend que chacune de ces piles est rudentée dans son plan, composée au dedans des portiques, de deux corps saillans de six pouces, dont celui du milieu correspond aux petits piliers ronds des mêmes portiques, n'ayant, comme eux, que vingt-quatre pouces de largeur. C'est dans cette partie seule que la plus forte épaisseur du mur existe, cinq pieds dix pouces. Or, de cette composition du plan de la façade, il résulte que les arcades de dix pieds six pouces d'ouverture sont plus des deux tiers de la dimension en longueur des piles, qui sont les supports des voûtes, et dont une grande partie est réduite à quatre pieds dix pouces d'épaisseur. Conséquemment, foiblesse extrême dans les points d'appui, qui s'accroît d'autant plus, que le vide des baies laisse exercer aux voûtes contre eux, un effort puissant qui tend à les renverser : donc, nécessité de fortifier efficacement les murs de la Halle au blé.

## *Moyens de confortation soumis aux données de la construction de la Halle* (1).

AVANT de déterminer la nature des confortations à faire aux murs de la Halle au blé, j'ai considéré si elles s'opéreroient dans l'intérieur des portiques, ou à l'extérieur de l'édifice ; j'ai reconnu qu'elles devoient être établies uniquement au-dehors.

LA raison qui exclut d'accroître l'épaisseur des murs en-dedans, tient aux destructions qui, dans ce système, auroient lieu dans les voûtes des portiques et des greniers ; et par suite, les réfections considérables qui en résulteroient ; elle tient aussi au désordre que causeroit, dans le plan général, une confortation de cette nature.

LE genre de la composition, l'espèce des moyens dans cette opération, doivent être appropriés à la nature du plan de l'édifice, proportionnés à l'espèce des voûtes, à leurs dimensions, à leur position sur les murs Les plans que j'ai tracés (2) sont soumis à ces données des constructions de la Halle. En voici la description.

---

(1) Ce chapitre est extrait du rapport du 17 décembre 1808, dont m'avoit chargé le Conseil des travaux publics du département, sur un projet présenté au Gouvernement, pour cette opération.

Ce rapport est consigné sur le registre des délibérations.

(2) Voir la planche, fig. *p*, *e*, *c*.

1°.

1°. Toutes les piles qui composent la façade extérieure, à l'exception de celle adhérente à la colonne astronomique, sont fortifiées par un corps d'architecture. Il consiste en deux demi-pilastres, deux colonnes de quatre pieds six pouces de diamètre, grouppées ensemble, tous unis par un noyau intermédiaire : cette ordonnance dorique, analogue à celle de la Halle, élevée sur un socle de trois pieds six pouces, a, au-dessus, trente-trois pieds dix pouces ; elle est couronnée d'un entablement de quatre pieds ; et sa hauteur totale, à compter du sol, compris la corniche, est de quarante-un pieds.

2°. Le plan de ces corps d'architecture, pris au nud de l'architrave, a six pieds de saillie sur le mur de face de l'édifice, et douze pieds de largeur.

3°. Un acrotère de huit pieds s'élève au-dessus de la corniche, dans le pourtour de la Halle, vers les deux tiers de l'axe de la voûte annulaire des greniers ; sa fonction est d'en appuyer efficacement les reins et de contreventer l'effort considérable qu'elle exerce dans son état actuel, principalement dans le vide des arcades.

4°. Ces différens corps saillans sont liés ensemble par le nouvel entablement substitué à l'ancien, dont les plates-bandes, de dix-huit pouces de large, à compter des murs des arcades, correspondent aux pilastres qui en font partie, et composent une seule et même ceinture. C'est ainsi que la grande voûte, de sept cents pieds de pourtour, de trente-quatre pieds huit pouces de diamètre visible, de vingt-sept pieds six pouces de hauteur sous clef, est puissamment contreventée, sans interruption, dans sa révolution entière ; condition essentielle à remplir.

5°. Le plan des fondemens des avant-corps est un polygone de

L

vingt-cinq côtés , circonscrit au plan circulaire des fondemens de la Halle , dont chacun a sept pieds de largeur sur quatorze de longueur , tous liés ensemble par des arcs renversés à leur base , et par des arcs droits à leur sommet , tous construits en libages de haut banc.

6°. L'APPAREIL des plates-bandes de l'architrave consiste en claveaux de trois pieds de coupe , dix-huit pouces de douelle en profondeur , et vingt pouces de largeur , ayant de portée sur les murs , alternativement , six et douze pouces.

7°. LES contreforts que je décris ne seroient pas unis aux anciens murs par des liaisons d'assises courtes et longues , mais par des redans étudiés et proportionnels dans le plan de chaque assise , de leur pied à leur tête , et par des harpes sur les côtés : et de ces deux combinaisons résultera un même tout dans le corps des piliers entre les parties anciennes et nouvelles qui seront fondues ensemble , pour ainsi dire. Les soins que toute grande construction exige seroient donnés à l'exécution de ces travaux extraordinaires.

LES dimensions en épaisseur, largeur et hauteur des contreforts sont déterminées d'après le diamètre réel de la voûte annulaire ; plus foibles , elles seroient insuffisantes , et l'exécution compromettroit l'existence de l'édifice (1).

UN faisceau de colonnes et de pilastres m'a paru la masse la plus propre à se composer avec l'ordonnance du monument.

(1) Les moyens proposés, objet de mon rapport du 17 décembre 1808, consistent en des corps dont le plan a trois pieds de saillie, neuf pieds de longueur, et vingt-sept pieds de hauteur, couronnés d'un fronton circulaire.

Il résulte de ces dimensions, que les contreforts s'arrêtent à la naissance de la

En effet, les colonnes qui occupent les angles du corps des contre-forts ont l'avantage, par leur forme, de ne point se projeter avec âpreté, en avant des arcades qui leur sont intermédiaires, et dont le plan invariable, est de six pieds au nud de la frise (1). Les pilastres adhérens aux mêmes murs, et de dix-huit pouces de saillie sur eux, correspondent aux plates-bandes dont ils sont les appuis, concurremment avec le corps de l'édifice.

Et pour répandre le plus grand jour sur une opération d'un intérêt aussi majeur, je vais rendre compte de deux objections qui m'ont été faites dans le cours des discussions au Conseil des travaux publics du département, dictées par le zèle qu'il met à traiter les grandes questions qui intéressent l'art, et les finances de l'Etat (2).

On a d'abord opposé contre mon plan sa saillie de six pieds sur la rue, déja trop étroite.

Il est constant que cette rue principale, de quarante pieds, qui devroit offrir de grands espaces entre le monument et les bâtimens d'habitations qui le circonscrivent, que les six rues qui y aboutissent, de vingt-quatre pieds seulement de largeur, ces diverses dimensions sont insuffisantes à un service libre et facile pour la circulation du commerce. Mais la première loi à exécuter ici, est la conservation de l'édifice ; et il ne faut pas perdre de vue que toute autre forme que l'on donneroit aux contreforts à construire, ils devront avoir

voûte annulaire, trente pouces au-dessus des greniers, c'est-à-dire au point où l'énergie de la voûte est la plus puissante contre les murs qui la portent.

(1) Voir la planche, fig. *p. e. c.*

(2) Le Conseil est chargé d'examiner les projets, plans et devis de tous les travaux à la charge du département et de la commune, qui lui sont communiqués à cet effet ; de donner son avis, tant sur les moyens d'exécution que sur la dépense portée aux devis.

les trois dimensions que je leur ai assignées ; en réduire aucune d'elles , seroit hasarder l'opération , comme je l'ai avancé. Alors , un bâtiment public ; de la valeur de huit millions de francs , qui va acquérir une plus grande valeur encore par la construction d'une coupole de cent vingt pieds , seroit réduit à la plus courte durée.

J'observerai de plus qu'il sera facile de donner aux approches de la Halle au blé , beaucoup plus d'étendue ; les nouveaux alignemens qui s'opèrent aujourd'hui pour les embellissemens de Paris , font déja une loi de porter à trente pieds les rues actuelles qui n'ont que vingt-quatre pieds : et entre les six , l'on donneroit à deux quarante pieds sur les directions les plus favorables au service des voitures et des gens de pied. Ces mesures simples rendroient un jour, à la Halle , de grands éspaces ; et les nouveaux corps d'architecture , de six pieds de saillie , que j'ai tracés et que l'art prescrit pour la solidité , ne nuiroient à rien.

La seconde objection a frappé contre tous les moyens de confortation dans l'inconvénient des tranchées , des excavations qu'ils nécessitent , les liaisons des nouvelles constructions avec les anciennes ; et l'on a conclu que les corps d'architecture, selon mes plans, provoqueroient, dans l'exécution, un ébranlement redoutable.

Une pareille objection n'est pas fondée ; dans une foule de cas , sans le secours des restaurations , des confortations , les édifices écrouleroient ; au lieu que si ces opérations sont proportionnées dans les plans , et habilement dirigées , ils en obtiennent une longue durée. Il est de principe , soit dans les restaurations , soit dans les confortations , bien différentes des reconstructions , que les liaisons des nouvelles constructions n'atteignent jamais le centre de gravité des anciennes. Les liaisons doivent être réduites aux seules dimensions nécessaires à l'union du tout. Ces diverses conditions , si faciles à remplir dans l'exécution, garantissent efficacement l'édifice de tout danger de la main-d'œuvre.

Si l'opinion que je relève devoit faire loi, il faudroit à l'avenir s'interdire toute espèce de réfections dans le corps des grands édifices auxquels elles conviennent plus particulièrement à raison du volume des masses. Ainsi, d'après cette opinion, lorsque les piles, les voûtes des ponts, ont leurs assises ou leurs voussoirs ruinés profondément et par grandes parties, lorsque les façades des palais, des temples sont dégradées, ce seroit imprudence que de les réparer! Et cependant l'histoire a célébré des princes, qu'un goût honorable pour l'architecture animoit, et qui ont restauré des édifices mutilés, qui, sans eux, auroient disparu, et les ont fait traverser des siècles après leurs restaurations et leurs confortations.

Dans toutes les opérations de ce genre, l'architecte applique, comme le fait le médecin au malade, l'espèce des remèdes et leur dose, selon le degré de force ou de foiblesse du sujet. Aussi, de même que le médecin savant conserve ses malades, de même l'architecte habile prolonge la durée des édifices qu'il répare. Tandis, au contraire, que le médecin et l'architecte ignorans, l'un tue le malade, et l'autre renverse ou hâte la ruine des édifices qui lui sont confiés.

Donc, il faut absolument avoir recours à des confortations pour conserver la Halle au blé de Paris; et les plans que j'ai tracés, sont soumis aux proportions que les principes commandent; ils sont de nature à procurer une longue durée à cet édifice public de la plus grande utilité; ils sont d'une facile exécution.

## Observations sur les divers moyens de confortation proposés au Gouvernement (1).

Les divers moyens proposés pour la confortation des murs extérieurs de la Halle au blé, sont au nombre de quatre.

1°. Par des avant-corps entre les arcades de la façade extérieure.

2°. Par la substitution d'une voûte en bois à celle actuelle de pierre et de briques des greniers.

3°. L'établissement d'un plancher qui diviseroit la hauteur de la voûte annulaire et en formeroit deux étages de greniers ; et à l'aide duquel on pût lier les murs de face extérieure.

4°. La pose de deux cercles de fer, l'un placé dans la plinthe qui divise le rez-de-chaussée de l'étage supérieur, l'autre établi dans l'architrave au-dessous de la corniche de l'édifice.

Dans mon rapport du 17 décembre 1808, sur le projet de confortation présenté au Gouvernement, j'ai démontré l'insuffisance des moyens en avant-corps proposés par l'auteur. J'ai indiqué, dans ce rapport, l'accroissement considérable qu'il falloit donner aux trois dimensions, longueur, largeur et hauteur, pour contreventer puissamment la poussée de cette même voûte des greniers ; j'ai indiqué l'espèce des masses qui, dans cette confortation, seroient analogues

(1) Ces observations ont été faites au Conseil des travaux publics du département, dans sa séance du 25 février 1809 : elles sont transcrites sur le registre des délibérations.

à l'ordonnance de la Halle, et répondre ainsi au vœu de l'admi‐
nistration (1).

Entre les quatre moyens différens qui se présentoient pour con‐
forter la Halle, le Conseil a paru se fixer à celui de la pose de deux
cercles de fer, motivé par les grandes et justes raisons d'économie;
par la simplicité et la rapidité qu'en auroit l'exécution. Dans cette
adoption de cercles de fer, l'usage qui a été fait en 1745 de ce
moyen, au dôme de St.-Pierre de Rome, a paru déterminer défi‐
nitivement le Conseil des travaux publics à le proposer au Gou‐
vernement.

Le desir constant et bien connu du Conseil pour n'admettre, par
principe, que les grandes mesures en construction, m'autorisa à lui
présenter les observations suivantes contre les cercles en fer. (2).

Interrogeons l'histoire de la célèbre confortation de six cercles de
fer, dont la coupole de St.-Pierre a été armée, pour contenir les lé‐
zardes nombreuses qui déchiroient la tour du dôme, l'attique et la
grande voûte, et suspendre la ruine de l'édifice.

*Cette opération,* observe un auteur instruit et fidèle, *n'a point
arrêté le progrès du mal qui va toujours croissant. Un grand nombre
de queues d'aronde appliquées en travers sur les lézardes perpen‐*

---

(1) La lettre de M. le conseiller d'état, préfet, en date du 1er. décembre 1808, porte textuellement, donner un avis :

« Sur les travaux de confortation pro‐ « jetés, et sur la forme de ces ouvrages, « considérés comme modifications appor‐ « tées à l'architecture du bâtiment, qu'il « importe de consolider, mais qu'il faut « craindre de défigurer. »

(2) Dans mon rapport du 15 mars 1806, sur les projets de coupoles, j'ai donné un avis contre les cercles en fer, dont on voit les motifs dans cet Ouvrage.

*diculaires étoient cassées par le milieu, en 1763, ce qui prouve que les contreforts continuent à perdre de leur à-plomb* (1).

ON lit dans un autre ouvrage, au sujet de l'armature des cercles de fer du même dôme de St.-Pierre, l'observation suivante :

*On compromettroit la solidité, en la faisant dépendre d'une force artificielle comme est celle d'un cercle de fer* (2).

AJOUTONS sur les mêmes opérations faites à St.-Pierre, les réflexions suivantes d'un savant célèbre de nos jours, dont l'avis est remarquable à ce sujet.

« LORSQU'EN 1743, il fut question enfin, dit M. Gauthey, d'y porter
« remède ( aux dégradations du dôme ) , tous les savans et artistes
« qui furent consultés adoptèrent unanimement le moyen d'ajouter de
« nouveaux cercles de fer aux anciens ; mais ce moyen est-il réel-
« lement bien assuré ? Etoit-ce le meilleur que l'on pût employer ? »

« L'ON a bien cherché effectivement à s'opposer à l'effet de la poussée ;
« mais on n'en a nullement détruit la cause. Les contreforts n'étant
« pas plus liés ni pas plus forts qu'ils l'étoient, toute la force de la
« poussée a dû chercher à agir contre les cercles de fer. »

« LES nouveaux cercles peuvent encore durer quelque tems, comme
« avoient fait les autres, mais ils finiront infailliblement par se
« rompre (3). »

(1) *Temples anciens et modernes.*
Pag. 264 et 265.
Paris, 1774.

(2) *Vies des architectes.*
Pag. 273, tom. II.

Paris, 1771.

(3) *Dissertations sur les dégradations du Panthéon français.*
Pag. 124 et 125.
Paris, an VI ( 1798 ).

Que

Que l'on conclue, après ces considérations, quelle confiance on peut donner à des cercles de fer pour consolider les murs extérieurs de la Halle au blé de Paris ; et en admettant, en cas de rupture de ces cercles, la facilité de les réparer, peut-on s'exposer à des réparations fréquentes de cette nature ? L'édifice offriroit donc sans cesse un état de dégradation infiniment choquant, qui causeroit des frais d'entretien importans et inévitables.

Enfin, je le demande ; en toute affaire, doit-on jamais conclure du particulier au général ? Et, comme on va le reconnoître, l'état de désunion dé la coupole de St.-Pierre tient à des causes bien différentes de celles de la voûte annulaire de la Halle au blé.

## Des Cercles de fer posés au dôme de St.-Pierre de Rome, et de ceux proposés pour la Halle au blé de Paris.

Le plan, la coupe du dôme de St.-Pierre ; le plan, la coupe de la voûte de la Halle au blé ne se ressemblent en rien ; et les causes des destructions qui se sont développées dans les deux édifices, ne sont point les mêmes.

La coupole du Vatican s'érige en totalité au-dessus de l'attique de la tour du dôme ; son développement extérieur a quatre cents pieds ; sa coupe permettoit de l'armer, comme elle l'est aujourd'hui, d'un grand nombre de cercles de fer (1).

La voûte annulaire de la Halle au blé est comprise en partie dans

---

(1) Huit cercles de fer arment aujourd'hui le dôme de St.-Pierre, à Rome : le premier, à la base du stylobate de la tour ; le second, au-dessous de l'entablement de l'ordre, le dernier, au sommet de la coupole ; les autres, distribués intermédiairement sur la surface entière de la coupole.

M

les murs de face ; son développement extérieur est de sept cents pieds. Elle ne peut par sa coupe être saisie que dans deux points , par des cercles de fer, le premier à son origine , le second au tiers de sa hauteur ; en sorte que les deux tiers de cette voûte seroient sans appui , sans aucune espèce de confortation.

Et cependant, cette même voûte a éprouvé dans les chaînes en pierre, qui en sont les nerfs essentiels, une altération générale plus ou moins forte dans leur courbure entière ; altération contre laquelle deux cercles de fer de sept cents pieds de longueur sont de toute insuffisance pour s'opposer à la destruction qui menace l'édifice.

Les causes premières et principales reconnues des lézardes du dôme de St.-Pierre, sont les tassemens irréguliers que trois des piliers ont éprouvés dans leurs fondemens , un seul des quatre supports ne s'est point affaissé.

La cause des mouvemens et des désunions dans le mur extérieur et dans l'universalité de la grande voûte de la Halle , tient à la foiblesse de leur construction. Les fondemens n'ont éprouvé aucun tassement inégal ; les niveaux tracés lors des travaux de la Commission l'ont prouvé.

La tour du dôme de St.-Pierre , qui est la base immédiate de la coupole , repose sur des points élevés ; cette position légitime en partie les moyens artificiels employés pour suspendre les dégradations, les ruptures considérables qui se sont manifestées et dans la tour elle-même et dans la coupole. Le fer seul étoit l'unique moyen qui devoit être tenté dans ce cas particulier , et pour l'emploi duquel il y eut un accord complet entre les architectes consultés , et que partagèrent les mathématiciens de Rome. Autrement , il eût fallu reconstruire en totalité et la tour et la coupole ; et ce grand parti sera celui où le tems conduira presque nécessairement.

Les murs de la Halle qui portent la voûte annulaire, s'érigent sur le sol ; cette position permet l'application de masses additionnelles, de corps d'architecture à l'extérieur de l'édifice, sans altérer en rien les premières constructions.

Je conclus des grandes différences qui existent entre les plans et la construction de la coupole de St.-Pierre, des plans et de la construction de la voûte de la Halle au blé, que le moyen précaire des cercles de fer employés au dôme du Vatican, n'est, sous aucun rapport, sous aucune considération, applicable à la voûte de la Halle de Páris. Il ne s'agit point dans la restauration des édifices publics d'en prolonger la durée, soixante années ; il faut qu'elle leur assure une existence d'une longue suite de siècles, et qu'elle les fasse passer à la postérité la plus reculée. L'intérèt de l'Etat bien entendu le veut ainsi.

## *Remarques sur des ruptures survenues dans les voûtes d'un édifice public, et de leurs causes.*

La vaste galerie qui unit, au premier étage, le palais du Louvre à celui des Tuileries, fut destinée, il y a trente ans, à recevoir tous les chefs-d'œuvre de peinture et de sculpture dont la France étoit déja riche. Il fut ordonné, à cette époque, qu'une voûte couvriroit cette galerie, dont la longueur est de deux cent trente toises, et la largeur trente pieds.

L'architecte, chargé de cette grande opération, ne voulant point avec raison employer le bois dans la construction d'une voûte pour le premier édifice de la capitale, le plus beau de tous ceux de l'Europe entière ; l'architecte jugea bien cependant l'impossibilité de la faire en pierre de taille, qui eût été l'espèce la plus convenable de construction, fût-elle même en plein cintre dont la poussée est moyenne, sur des murs de cinq pieds d'épaisseur seulement. Il crut que la brique de Bourgogne, d'une densité complète, et dont les dimensions sont de huit pouces sur quatre et deux pouces d'épaisseur, rempliroit son objet ; l'exécution eut lieu.

MAIS, au moment où la voûte fut fermée, il se fit aussitôt un mouvement dans les murs de face, et des lézardes continues et nombreuses se manifestèrent en sens vertical et horisontal dans la surface entière de la voûte.

DE pareils effets prouvent les deux vérités suivantes.

LA première : la foiblesse relative des murs pour résister à une voûte, quoique légère, qui s'élève au-dessus d'eux, sans le secours naturel des reins, et dont le diamètre de trente pieds est dans le rapport d'un à six, avec l'épaisseur de ces mêmes murs.

LA seconde vérité sur ce point de construction est la foiblesse propre de la voûte réduite à huit pouces seulement, sur trente pieds d'ouverture.

CEPENDANT, il faut l'observer ; dans cet édifice, les murs dont les vides des baies de croisées sont bien inférieurs dans leur largeur, aux parties intermédiaires qui les distribuent dans la façade ; d'après cette disposition, d'après la nature de leur construction faite en pierre de taille dans leurs paremens, ces murs ne pouvoient point éprouver une altération sensible dans leur solidité particulière ; le premier effet produit n'a pu se prolonger. Mais il n'en étoit pas ainsi pour la voûte composée de petites parties, et bien inférieure dans la coupe de ses voussoirs à ce qu'elle auroit dû avoir. Cette voûte, dès son origine, tendoit donc nécessairement à sa ruine ;

ici , la puissance dominée par la résistance se détruisoit seule et par elle-même.

Je passe à un autre exemple de ruptures survenues dans de grandes voûtes, dignes encore d'être signalées comme objet d'instruction ; et c'est par la citation de pareils faits , que l'on jugera d'autant plus de toute l'utilité de la connoissance sur la construction des voûtes, et des principes que renferme cet Ouvrage.

Les voûtes dont je veux parler sont en plein cintre ; elles étoient soutenues, dans les premiers plans de l'édifice, par les murs de face et ceux de distributions intérieures consacrées , au rez-de-chaussée , à l'habitation. Les murs de refend , par les dispositions nouvelles faites dans ce monument public , ont été supprimés ; mais par suite de ce changement opéré dans les premiers rapports établis entre les voûtes et leurs points d'appui , les murs de face chargés de tout l'effort des voûtes ont subi un mouvement qui s'est manifesté, non-seulement par des lézardes dans les voussoirs vers la clef, mais aussi par des ruptures dans les lunettes qui la pénètrent , les unes à leur union avec les murs, les autres à leurs têtes.

Quoique ces voûtes soient en pierre , et différentes de la construction de l'exemple précédent , qui est en briques, la cause de ces effets est la même ; foiblesse dans la structure particulière de la voûte. Aussi l'emploi du fer contre l'écartement des murs seroit de toute inutilité ; les voûtes seules sont menacées ; et il peut arriver un jour, le besoin absolu de fortifier ces mêmes voûtes par des corps nouveaux qui seroient établis , non pas au-dehors, mais dans les portiques, mesure la plus efficace et la plus convenable , d'après le plan de l'édifice ; ou la nécessité de reconstruire la même voûte en totalité , et dans un meilleur système que le premier, qui n'a pu être calculé pour l'état nouveau du monument.

Ce second exemple concourt à prouver ce que j'ai avancé sur la construction en général : que l'on ne peut rien innover dans le plan d'un édifice, sans l'exposer à des chances redoutables : il rappelle le précepte de ne se permettre de changemens quelconques dans les parties principales de toute construction, sans l'étude la plus réfléchie, et l'emploi des moyens les plus efficaces en substitution aux forces supprimées.

Il falloit dans l'opération que l'on a fait subir à l'édifice dont il s'agit, avant de l'entreprendre, se bien assurer de la nature des coupes des voussoirs et de leur extrados, et de la constitution entière des voûtes ; ces recherches eussent préservé des accidens qui ont lieu, par les mesures qu'elles auroient indiquées.

Enfin, le même exemple doit interdire à tout architecte de jamais confier à l'entrepreneur, même le plus exercé, ni à aucune main étrangère, l'application des lois de la solidité. Il doit, seul, fixer la force nécessaire dans tous les points essentiels de la construction de ses bâtimens ; s'il néglige cette branche première de ses fonctions, il compromet sa réputation ; donc, la science, l'expérience sont les sauvegardes de toutes les opérations de l'architecte.

### Résumé sur les divers sujets du Traité des Voûtes.

Le but de cet Ouvrage sur la construction des voûtes, des péristyles, des frontons, des supports des dômes, est rempli. Il renferme les élémens de la stabilité de toutes ces grandes parties de l'architecture ; il offre en ce genre, à l'appui des principes, des modèles de force indestructibles par la nature de leurs proportions ; il présente, tout à-la-fois, des exemples de voûtes foibles dans leurs plans nécessairement foibles dans leurs constructions, où les principes sacrifiés ont eu les conséquences les plus funestes ; il indique aussi les moyens que l'art procure pour réparer les erreurs commises, et par lesquels les édifices chancelans peuvent être puissamment fortifiés ; par lesquels la puissance des voûtes et la résistance des points d'appui sont mises dans un équilibre parfait.

Nous savons maintenant, que nos maîtres en ordonnance et en construction des voûtes, des péristyles, des ponts, des aqueducs, des dômes, sont en France.

Les Philibert Delorme, les Ducerceau, les Desbrosses, les Lemercier, les Mansard, les Blondel.

Ces hommes de génie et savans, que le XVIe. et le XVIIe. siècle ont vu fleurir, ces grands architectes sont les auteurs de voûtes les plus belles et parfaitement solides. Les exemples en ce genre se présentent en foule, dont les citations suivantes suffiront en preuve de ce que j'avance, que nous connoissons déja, et qu'il convient de rappeler ici, ce sont les voûtes célèbres de la salle du Palais de justice, à Paris, celles des portiques du palais du Luxembourg, l'aqueduc d'Arcueil, les voûtes du péristyle de la Sorbonne, le Pont-neuf, celui des Tuileries, celui de Xaintes.

Non, rien n'a été fait jusqu'à ce jour, ni dans les plans, ni dans les formes, ni pour la solidité, de comparable à ces admirables fabriques, à ces chefs-d'œuvre d'architecture.

Je crois avoir établi dans cet Ouvrage des principes clairs pour la construction des voûtes, ceux que l'architecture seule enseigne, et bien différens de ceux enfantés par les théories nouvelles des sciences exactes. Les premiers conduisent à tracer de beaux plans de voûtes, ils apprennent à les construire avec la plus grande force ; les seconds ne produisent que des plans gothiques , des squelettes de voûtes , conséquemment légères et nullement solides.

JE n'ai point à craindre que l'on me reproche d'avoir trop généralisé les principes , trop circonscrit les règles particulières sur les élémens constitutifs des voûtes dont les degrés sont si nombreux , et desquels résultent des rapports si variés entre la puissance et la résistance.

LES principes que je professe sur les voûtes , sont ceux , comme je l'ai exposé , qui , dans les beaux siècles des arts , ont dirigé les architectes les plus savans , anciens et modernes , et les plus habiles , et dont les ouvrages renferment la doctrine la plus étendue , la plus sûre de l'art de bâtir les voûtes ; je me suis appliqué à les bien faire connoître.

QUANT aux règles accessoires , aux modifications dont ces principes généraux sont susceptibles , elles n'entroient point dans le plan de cet Ouvrage ; elles seroient inutiles pour les architectes instruits et d'un grand talent , qui savent bien les appliquer. Les règles particulières que je publie , suffisent , après les principes généraux , pour diriger les jeunes architectes que l'amour des grandes compositions enflamme , et qui savent juger combien il importe pour leur réputation d'être savans , et de connoître la construction des voûtes , qui est le terme le plus élevé de l'art de bâtir ; c'est à cette classe d'artistes que mes ouvrages sont spécialement destinés.

DISSERTATIONS

# DISSERTATIONS

SUR

## LES PROJETS DE COUPOLES

DE LA HALLE AU BLÉ DE PARIS,

FAITES AU CONSEIL DES TRAVAUX PUBLICS DU DÉPARTEMENT DE LA SEINE.

1806.

N

# AVANT-PROPOS.

### De l'examen des projets de Coupoles, ordonné par le Gouvernement.

LA Halle au blé est un domaine de la Ville, et la grande opération d'une voûte pour en couvrir la cour, devenoit une charge de la commune.

LA première coupole qu'on éleva sur la Halle au blé, en 1782 (1), avoit été construite en menuiserie de planches de sapin, de quinze lignes d'épaisseur, appareillées deux à deux, composant ensemble chacune des fermes ou courbes de douze pouces de coupe, et de neuf pouces d'espacement entre elles, selon le système de Philibert Delorme. Vingt ans après, cette coupole légère fut dévorée en peu d'heures, par les flammes. A compter de cette catastrophe, plusieurs architectes, des ingénieurs firent des projets de coupoles; et en 1806, au mois de janvier, cinq des concurrens avoient

(1) Je dois dire un mot du pro jetd coupole fait par M. Camus de Mézières, plusieurs années après la construction de la Halle. Cette voûte, selon les dessins gravés, est érigée sur douze colonnes, dont le plan inscrit à celui de la cour, a cent pieds de diamètre. Elle est contreventée par des arcsboutans établis sur les murs de face : sa construction, qui seroit faite en pierre et briques, est ouverte par de grandes lunettes de diverses dimensions, et dont les plus grandes ont trente-cinq pieds de diamètre, et seize pieds de hauteur; indépendamment, une ouverture au sommet.

Il n'y a point de regrets à former de ce que cette coupole n'ait pas eu d'exécution. L'ordonnance n'a rien d'intéressant; et la construction n'en auroit pas été solide, on peut même dire qu'elle eût été impossible.

présenté, à S. Ex. le Ministre de l'intérieur, leurs plans pour cette reconstruction. S. Ex. adressa et les dessins, et les mémoires différens à M. le Conseiller d'état, préfet de la Seine : opération qui intéressoit l'administration de la ville de Paris. Ce magistrat transmit de suite la collection de toutes les pièces à son Conseil des travaux publics. Sa lettre porte textuellement :

*Donner un avis sur le mode de reconstruction le plus favorable sous le rapport de la solidité, de la dépense et de la décoration.*

Le Conseil s'occupa aussitôt de cette importante affaire, pour laquelle les séances se prolongèrent plusieurs mois, malgré l'assiduité qu'il y apporta.

Indépendamment des discussions qui eurent lieu dans les assemblées successives, tenues pour l'examen de ces divers projets, chaque membre du Conseil (1) s'est livré à un travail personnel, communiqué les jours de réunion, pour bien approfondir la question, et prononcer sur le degré d'intérêt des cinq projets.

Une émulation aussi naturelle a procuré, à M. le Préfet, les instructions qu'il attendoit d'architectes qu'il a constitués pour traiter de toutes les affaires majeures qui intéressent la solidité et les dépenses des bâtimens de la capitale, qui dé-

---

(1) MM. Norry,          MM. Becquey-de-Beaupré,
       Legrand,            Viel.
       Molinos,

'pendent de sa grande administration; tous édifices nombreux et très-considérables en eux-mêmes, les temples, les marchés, les hôpitaux, etc. etc.

L'AVIS du Conseil ne fut pris que d'après l'analyse faite des rapports particuliers de chacun de ses membres sur tous les projets de coupoles, sans exception de la nature de leurs constructions. Le Conseil s'appliqua à fonder son jugement sur les vrais principes de l'art de bâtir, et prouver ainsi, envers les auteurs, une parfaite impartialité, et l'esprit qui le lui avoit dicté. Le résultat fut :

*QUE tous les projets de coupoles, tels que les plans, les coupes, les élévations, accompagnés de mémoires explicatifs, en avoient été produits au Gouvernement, étoient inexécutables.*

LES plans, les mémoires des architectes, des ingénieurs concurrens, et l'avis du Conseil des travaux publics du département, furent adressés, par M. le Préfet, à S. Ex. le Ministre de l'intérieur.

L'IMPORTANCE de l'objet détermina le Ministre, avant de fixer son opinion sur aucun des projets, à composer une Commission spéciale des deux Conseils d'architectes qui jouissent également de la confiance du Gouvernement, celui des bâtimens civils, attaché à son ministère, et celui des travaux publics du département de la Seine, à l'exception de ceux des membres de l'un et l'autre Conseil, qui étoient auteurs de projets de coupoles. Le Ministre nomma, en remplacement, pour être membres de cette Commission, MM. Gondoin, Ledoux (1), et Heurtier, tous trois de l'ancienne Académie royale d'architecture. M. Monge, qui présidoit alors le Sénat, ce savant célèbre, accepta de concourir aux travaux de la Commission ; et M. Mermet, secrétaire ordinaire du Conseil des bâtimens civils, fut chargé d'y remplir cette fonction.

Son Ex. le Ministre de l'intérieur, comte de Champagny, adopta, dans cette circonstance d'éclat pour l'architecture, la même mesure que l'immortel Colbert employoit constamment pour toutes les grandes opérations qui intéressoient les bâtimens publics. Colbert adressoit à l'Académie d'architecture, fondée sous son ministère, toutes les questions majeures de l'art ; il assistoit en personne aux délibérations les plus importantes ; il jugeoit, par lui-même, de toute la sagacité, de la science et du zèle pour le service de l'État, des François Mansard, des Jules-Hardouin, des Leveau, des Perrault, des Blondel, des Bullet, des Desgodets, des Lepôtre, et des autres architectes habiles qui composoient l'Académie à son origine, et qui tous ont-illustré la France, par leurs ouvrages dignes du génie et du goût des anciens.

Des pièces authentiques attestent cette conduite de Colbert. L'on sait que lors du voyage du Bernin à Paris, cet artiste

---

(1) Cet architecte ingénieux, qui jouissoit d'une grande réputation, par la multitude d'édifices remarquables qu'il avoit construits, n'a pu assister à aucune des séances : il fut atteint d'une maladie mortelle, aux premiers jours de nos assemblées.

si justement célèbre, étoit appelé aux conférences des architectes de France. C'est ainsi que le ministre de Louis XIV servoit son roi, en estimant, honorant l'architecture, cet art, qui, pour produire des chefs-d'œuvre, exige une grande élévation dans l'ame de l'artiste, et dont le ressort s'accroît par la faveur du souverain.

LA Commission d'architectes (1), formée par le Ministre, tint sa première séance *le onze novembre* 1806 : elle envisagea, dès ses premiers pas, l'étendue de ses opérations ; elle embrassa, comme l'avoit fait le Conseil du département, l'examen de tous les projets qui lui avoient été communiqués. Les dissertations, les discussions se multiplièrent. La Commission se livra aux recherches les plus attentives sur la structure entière de l'ancien édifice ; elle reconnut la nature et l'espèce des fondemens, l'état des murs et celui des voûtes ; la Commission a tout fait pour approfondir et résoudre la belle question de la construction d'une coupole en pierre de taille, de cent vingt pieds de diamètre, sur un bâtiment existant. C'est ainsi qu'elle a répondu à la confiance dont l'honoroit S. Ex. le Ministre de l'intérieur, pour le diriger

(1) *Membres de la Commission.*

M. Monge, *sénateur, président,*
MM. Peyre,
    Chalgrin,
    Gondoin,
    Raimond,
    Heurtier,

MM. Brongniart,
    Becquey-de-Beaupré,
    Norry,
    Beaumont,
    Petit-Radel,
    Mouchelet,
    Viel,
    Mermet, *secrétaire.*

selon ses vœux, dans le choix qu'il devoit faire des plans d'une coupole pour la Halle au blé.

LA Commission pensoit avoir rempli sa mission par le rapport du 26 février 1807, dans lequel elle prononça *exclusivement* son avis pour la construction d'une coupole en pierre de taille, mais le Ministre desira avoir un avis particulier sur une coupole qui seroit construite en fer. Ce genre de construction, innovation dans les édifices publics, et sans exemple depuis le renouvellement des arts en Europe, fixa toute l'attention de la Commission, détermina un nouveau travail, pour satisfaire au vœu de S. Ex.

LES points essentiels de construction pour la solidité d'une voûte en fer d'un aussi grand diamètre, cent vingt pieds, devinrent l'objet de discussions diverses, et sur la voûte elle-même, et sur l'édifice qui doit la porter, et aussi sur la mesure des relations à établir entre ces deux parties. Des circonstances particulières (1) suspendirent le cours des séances relatives aux coupoles en fer ; et ce ne fut qu'au mois d'août suivant, que la Commission prononça sur les divers projets de cette nature soumis à son examen.

(1) Le Ministre chargea la Commission, au mois de mars 1807, en lui adjoignant M. Thouret, savant médecin, membre du Corps législatif, et M. Girard, ingénieur en chef, chargé de la construction du canal de l'Ourcq, de juger les nombreux projets qui avoient été présentés au Gouvernement, pour la suppression de la voierie de Montfaucon.

Cette affaire fut terminée la première.

DISSERTATIONS

# DISSERTATIONS

## SUR

# LES PROJETS DE COUPOLES

### DE LA HALLE AU BLÉ DE PARIS.

---

## PREMIÈRE PARTIE.

### *Réflexions générales* (1).

Le Conseil va s'occuper de l'une des plus grandes questions d'architecture, la construction d'une coupole de cent vingt pieds de diamètre; chacun des membres juge à l'avance de toute l'importance de cette opération sous les rapports de l'art, et sous celui des finances.

La première réflexion qui se présente à l'inspection des plans de la Halle, et des projets de coupoles qui sont sous les yeux du Conseil, est de reconnoître si une coupole peut être érigée, sous le double rapport de l'ordonnance et de la construction, sur la façade de la cour de la Halle au blé ?

---

(1) Ces réflexions sont devenues comme l'exorde commun à mes dissertations faites au Conseil des travaux publics du département, qui les a consignées sur ses registres, à la date du 8 mars 1806.

Ces réflexions ont également servi de motifs aux dissertations qui succédèrent au ministère de l'intérieur, un an après.

O

Sous le premier rapport, cette coupole doit-elle avoir, au moins une hauteur égale à son diamètre, cent vingt pieds? Peut-elle se raccorder dans sa composition avec les proportions existantes de l'édifice?

Sous le second rapport, les murs qui doivent porter la nouvelle coupole, ont-ils dans leur volume, dans la nature et l'espèce de leur construction, dans le choix de leur appareil, la force nécessaire pour en soutenir le poids? La surface de leur plan permettra-t-elle de donner à la voûte l'épaisseur qu'exige la grandeur extraordinaire de son diamètre?

Les proportions qui constituent la façade de la Halle au blé, sont établies. Il suit de ces données que l'addition d'une coupole devient très-difficile avec l'ordonnance première; elle exige, cette addition, les combinaisons d'architecture les plus étudiées. L'étendue de ce monument public, l'utilité dont il est, la grande dépense que cette voûte doit occasionner, en font une loi.

La nature de la construction, les épaisseurs des murs de la Halle, sont fixées. Il est de principe que ces deux qualités soient constituées par son module et la fonction des points d'appui. Il est de principe que le volume des parties du plan d'un édifice, soumis, avant tout, aux proportions que l'harmonie linéaire exige, soit réglé par l'échantillon, la nature et l'espèce des matériaux à mettre en œuvre.

J'observe d'abord que l'architecte, M. Camus de Mézières, au moment de la conception de son plan, n'a point fait entrer, dans ses moyens de solidité, l'existence d'une coupole. Il traça, au centre, une cour circulaire de cent vingt pieds de diamètre, dessinée par les façades intérieures; il donna aux murs des portiques et des greniers des épaisseurs qu'il jugea propres à leur hauteur, à la charge et à l'action des voûtes inférieures et supérieures de son édifice, et nullement calculées pour une autre fin ; il construisit en pierre dure seulement les trois premières assises des piliers au-dessus du socle, le reste et les autres parties de ce monument sont en pierre tendre ; l'appareil des claveaux des arcades ont leurs coupes peu prolongées, les clefs n'ont que vingt-quatre pouces, et les claveaux des mêmes arcades dans l'intérieur des portiques sont plus foibles encore ; ils forment des redans à leur rencontre avec ceux extérieurs dans le corps des murs ; état de choses remarquable qui doit être pris en considération dans l'examen que je fais ; donc, la force avérée des murs de la Halle au blé, fussent-ils bien proportionnés, ne convient qu'aux premières constructions.

Je ne crains pas que l'on m'oppose ici l'exemple de la coupole de cent trente pieds de diamètre de *Ste.-Marie des-Fleurs*, à Florence, construite longtems après l'érection du corps de l'édifice. Le plan de ce temple avoit été tracé dès l'origine, pour recevoir une coupole dont l'exécution a été suspendue jusqu'à ce qu'un homme de génie parût pour l'ériger ; l'architecte Brunelleschi eut la gloire de résoudre le grand problème d'une construction sans modèle.

Entre les deux coupoles, celle exécutée en Italie et celle projettée à Paris, il n'y a de commun que d'être chacune d'un très-grand diamètre.

S'il est vrai que les murs de la Halle au blé n'aient point été construits dans l'origine pour porter en addition un poids aussi énorme que celui d'une coupole, et par une conséquence nécessaire, s'il est impossible de donner à la voûte une épaisseur proportionnée à son diamètre de cent vingt pieds ; l'on ne peut élever une coupole en pierre de taille sur les mêmes murs, sans le secours *de forces additionnelles*, et capables de garantir la solidité de l'édifice entier.

O 2

CEPENDANT, une coupole en pierre est la seule nature de construction qu'on doive admettre sous le rapport de *l'ordonnance, de la durée* et *de l'économie*, conditions indiquées au Conseil, par M. le Préfet. Une construction en fer ou de toute autre matière métallique, ou en bois, et telle que sont composés plusieurs des projets qui sont sous nos yeux, n'auroit qu'une solidité précaire, soumise à des réparations et à des entretiens plus ou moins considérables.

RENDONS compte des motifs particuliers de l'exclusion que je fais de ces trois dernières natures de construction.

LE fer, pour commencer par lui, est soumis à une dilatation plus ou moins considérable ; et les coupoles projetées de cette matière en éprouveroient d'autant plus l'effet, qu'elles occuperoient une sorte de foyer formé par les combles environnans de tout l'édifice. De là, un mouvement interne, successif, irrégulier et violent, auroit lieu selon les saisons, agiteroit les assemblages, en altéreroit les nœuds, et par suite, compromettroit la solidité de la coupole. L'expérience nous apprend à craindre les effets dangereux de la condensation et de la dilatation du fer ; donc, il ne faut point construire de cette matière la coupole de la Halle au blé.

MAINTENANT, si j'examine le bois, de bien plus fortes considérations s'élèvent contre son emploi ; il est, par sa nature, soumis plus encore que le fer aux influences du froid et du chaud, de l'humidité et de la sécheresse ; il est d'ailleurs exposé à d'autres chances redoutables, par l'espèce de l'appareil qu'exige sur-tout la structure d'une voûte sphérique. En effet, toutes les pièces qui composeroient les fermes d'une pareille voûte, seroient cintrées sans exception, les unes, verticalement, les autres, dans une direction horisontale. Il résulteroit de ces coupes diverses, que la force du bois qui consiste essentiel-

lement dans le faisceau que forment ses fibres longitudinales, seroit
tranchée; ces pièces perdroient une grande partie de leur résistance.
D'où je conclus que l'on ne pourroit point construire en bois, avec
solidité, une voûte sphérique de cent vingt pieds de diamètre. Ce
n'est pas tout : une construction en bois exigeroit d'avoir recours au
fer ; et ce genre d'armature seroit tout autre que celui de simples
plates-bandes de seize pouces de long, de *chevilles* et de *boulons*,
comme on les a proposés pour l'exécution de l'un des projets de
coupoles en bois (1).

Le bois encore a contre lui, enveloppé qu'il seroit de toutes parts
dans la construction de la coupole de la Halle au blé, d'être exposé à des chances contraires à la solidité. Il est sujet à la décomposition, ou par des vices qui lui sont trop ordinaires, ou par des
accidens quelconques. Si l'on ajoute enfin la difficulté d'avoir aujourd'hui des bois sains de fortes dimensions, leur extrème cherté,
le supplément considérable et nécessaire des armatures en fer; tout
concourt à prouver qu'il ne faut point construire en bois cette coupole,
et qu'il n'y auroit aucune économie réelle.

Quant à la brique, elle ne peut être employée dans cette construction, par la raison suivante :

La brique dont les dimensions sont petites, huit pouces sur quatre,
même celle du plus grand échantillon, exigeroit de donner à la voûte
une plus forte épaisseur que n'auroit celle construite en pierre de
taille; or, les murs de la Halle n'ont pas même l'épaisseur nécessaire
à ce genre de construction ; donc, impossibilité d'employer ici la
brique.

(1) *Mémoire sur la reconstruction de la*          Par J. Rondelet.
*Halle au blé de Paris.*                           Paris, an XII (1803).

Il est constant que le foible échantillon dans les matériaux exige, dans leur emploi, des compensations que l'on n'obtient que par l'accroissement des masses. Vouloir réduire une voûte en brique à une même épaisseur que celle faite en pierre, comme l'un des auteurs des projets de coupoles l'établit dans ses plans, c'est avoir perdu de vue les proportions diverses que l'art de bâtir prescrit pour la solidité, dans l'emploi des matériaux, selon leur nature, leur espèce et leur volume (1).

Si l'on considère d'ailleurs la dépense que doit occasionner une voûte en brique; l'on sait qu'elle est plus chère à Paris, que la pierre, sa valeur est d'un quart en excès. Donc, sous tous les rapports, la construction de la coupole de la Halle ne doit et ne peut être faite en brique.

Les considérations particulières que je viens d'exposer pour exclure le fer, le bois et la brique dans la voûte de la Halle au blé, ces considérations réunies aux réflexions générales qui précèdent, et relatives à la solidité de l'édifice entier; tout prouve que la pierre seule convient dans une aussi grande fabrique que celle d'une voûte de cent vingt pieds, et qu'il faut avoir recours à des forces supplémentaires.

Maintenant, je passe à l'examen des mémoires et des dessins qui sont sous les yeux du Conseil, dans l'ordre où ils m'ont été communiqués.

---

(1) On lit avec surprise, dans le mémoire de M. Rondelet, art. III :

*Construction en briques.*

« Pour construire en briques une coupole semblable à celle de l'article précédent (construction en pierre de taille), on ne peut, d'après les raisons que nous avons ci-devant déduites, *s'empêcher de lui donner une même épaisseur.* »

J'ai traité de ce point de construction dans mon chapitre *Des voûtes.*

## Coupole de M. M***. (1).

Le projet de coupole de M. M***. consiste en un second attique élevé sur celui de l'édifice, décoré de pilastres, et ouvert dans son pourtour de baies de croisées, dont l'épaisseur des murs est de quatre pieds six pouces.

Sur cette construction nouvelle s'érige, et à prendre du nud extérieur du mur, une voûte sphérique *incomplète*, le centre étant de quinze pieds plus bas que le plan supérieur de la corniche, où elle prend son origine.

La coupole que j'examine seroit construite en totalité en pierre de St.-Leu; elle auroit trois pieds d'épaisseur à sa naissance, réduite à un pied six pouces à son sommet.

Je dirai, sous le rapport de l'ordonnance, que ce second attique est une *superfluité*; qu'il est, par ses ouvertures, par ses pilastres, d'une architecture tout-à-fait en discordance avec celle de la Halle.

Je pense, sous le rapport de la construction, que la surélévation donnée aux murs de la cour devient pour eux un premier poids énorme, indépendamment de celui de la voûte, qui d'ailleurs exerceroit une puissance d'autant plus grande, composée, comme elle est, d'un arc de cercle dont la corde est supérieure de quinze pieds à son centre de courbure intérieure.

L'auteur, pour consolider sa voûte, l'armeroit de quatre cercles

(1) Rapport du 15 mars 1806.

de fer, un, au pied du nouvel attique, deux, à compter de l'origine,
et le dernier, vers le milieu de la coupole (1).

CES armatures en fer, ces forces additionnelles ne peuvent jamais
subvenir à la foiblesse des murs de l'attique, ni à celle propre de
la voûte qui n'a que trois pieds d'épaisseur, et qu'il est impossible
d'accroître par celle donnée des murs de la Halle, qui n'ont que
quatre pieds huit pouces, sur lesquels ce nouvel attique et la coupole
s'érigent.

MALHEUR donc au constructeur systématique, qui fait dépendre
le succès de ses opérations, dans les édifices publics, d'aucune sorte
d'armatures. La coupole de St.-Pierre, pour citer un grand exemple,
par la rupture des premiers cercles dont elle fut armée, donne une
forte leçon pour ne jamais employer le fer dans les constructions
en pierre, comme auxiliaire et garant de la solidité. Les cercles ajoutés,
en 1745, à la coupole de Rome, afin d'arrêter les progrès effrayans
des lézardes qui se manifestèrent, à cette époque, dans la tour du
dôme et la voûte, ne sont que des palliatifs, et non pas une substitution de forces protectrices capables de remédier au mal pour
l'avenir (2).

M. M***. se flatte trop, en avançant dans son Mémoire : *que sa
coupole seroit aussi durable que la rotonde.* Elle n'auroit rien
dans sa construction, de commun avec la coupole du temple antique de Rome, si savamment bâtie. La voûte de M. M***. s'élève,

(1) Les trois cercles pour la coupole
seule, semblent indiquer que M. M***.
est du nombre des géomètres qui attribuent aux voûtes sphériques *une forte
poussée* ; ou bien qu'il auroit jugé trop
foible l'épaisseur de trois pieds qu'il donne
à sa voûte.

(2) J'ai donné quelques détails dans
cet Ouvrage, sur les cercles en fer posés
à la coupole de St.-Pierre de Rome.

sans

sans aucun accotement, à compter de sa naissance, tandis que la voûte du temple antique réunit cette confortation essentielle pour la solidité.

Je terminerai cet examen par l'observation suivante.

Le changement considérable qu'opéreroit l'érection d'un attique fort élevé, celle d'une voûte sur lui et les anciens murs de la Halle, qui restent seuls les supports de toutes ces nouvelles constructions; la dépendance dans laquelle sont ces mêmes murs avec ceux extérieurs, liés ensemble par les voûtes intermédiaires de l'édifice, contre la charge et l'effort desquels ces derniers suffisent à peine (1); ces changemens considérables romproient tous les rapports actuels qui existent dans l'édifice entier. Donc la coupole de M. M***., considérée en elle-même, et relativement aux constructions de la Halle, ne peut subir l'épreuve de l'exécution.

## *Coupole de M. Rondelet* (2).

Le mémoire publié, de M. Rondelet, accompagné de dessins, offre quatre projets de nature différente pour la coupole de la Halle au blé; en pierre, en briques, en bois et en fer. Entre ces divers projets, celui seul qui seroit exécuté en pierre de taille, a fixé mon attention. La raison s'en apperçoit aisément, d'après l'esprit qui a dirigé mon travail, et qui règne dans les réflexions préliminaires qui servent d'introduction à mes dissertations.

(1) A cette époque, je n'avois pas encore recueilli toutes les reconnoissances que je fis ensuite, et qui m'apprirent combien les murs de face extérieurs étoient insuffisans contre la charge de la voûte annulaire.

(2) Rapport fait au Conseil, le 15 mars 1806, dans la même séance où je lus celui sur la coupole de M. M***.

P

LA coupole de M. Rondelet est sphérique ; elle s'érige immédiatement, sans aucune bâtisse nouvelle, au-dessus de la corniche de l'édifice, dans l'à-plomb du nud intérieur des murs sur la cour ; cinq grandes lunettes demi-circulaires de trente-deux pieds de diamètre, distribuées dans sa partie inférieure ; une seule ouverture circulaire de vingt-quatre pieds à son sommet, surmontée d'un lanternon en fer, composent cette coupole, qui a pour ornemens les joints horisontaux de l'appareil de ses voussoirs. Elle seroit couverte en tuiles vernissées. La construction entière seroit faite en pierre de taille de lambourde, de St.-Maur, de la meilleure qualité.

CETTE coupole, selon les dessins de l'auteur, a cent pieds quatre pouces d'élévation, à compter du sol ; et son diamètre, qui est celui de la cour de la Halle, cent vingt pieds. Ici les grandes dimensions de largeur et hauteur manquent des rapports qu'elles doivent avoir, d'être au moins égales entre elles. Ce n'est pas tout : les cinq grandes lunettes, de trente-deux pieds de largeur, n'ont aucune proportion, ni avec les ouvertures inférieures de l'attique et des portiques, ni avec celle de vingt-quatre pieds au sommet. La lumière, d'ailleurs, que procureroient ces baies demi-circulaires seroit très-foible, par l'obstacle que lui opposeroient les combles environnans. Conséquemment, sous le rapport de l'ordonnance, cette coupole n'est point en harmonie avec l'édifice.

LA courbe intérieure du cintre de la coupole, est formée par une demi-circonférence de cercle de même rayon et diamètre que le plan ; son épaisseur, à sa naissance, est de deux pieds quatre pouces ; moitié de celle des murs de la Halle, qui est de quatre pieds huit pouces. Cette voûte a quatorze pouces dans sa partie supérieure.

IL résulte de la position de la voûte sur l'édifice, qu'elle n'exerceroit une action directe que sur la moitié de la superficie du plan de l'attique ; position qui tendroit nécessairement à la renverser , d'après la foible épaisseur relative de ses murs ; et cet effet est d'autant plus certain , que ces murs au même plan de la coupole forment les retombées de la voûte annulaire des greniers , dont la nature des coupes divergentes à l'égard de la puissance nouvelle , accélércroit la chûte de ces murs.

Considérant ensuite la force propre de cette coupole , on reconnoît qu'elle ne consiste que dans une épaisseur de deux pieds quatre pouces à son origine ; et l'auteur convient *qu'elle est la moindre qu'on puisse donner à une voûte de ce diamètre , pour qu'elle ait le degré de solidité indispensable à un monument de ce genre.* Il fonde sa sécurité.d'ailleurs, pour le succès de sa voûte , dans la perfection de la main-d'œuvre , et sur les qualités de la pierre de lambourde, de St.-Maur, pour laquelle il annonce une prédilection particulière (1).

Mais cette coupole déja si foible dans ses épaisseurs , le seroit plus encore par le vide des cinq grandes baies demi-circulaires de trente-deux pieds de diamètre ; et le peu de coupe proportionnelle qu'auroient les voussoirs vers la clef , les rendroit inéxécutables ; *une force centrifuge* les feroit rompre entre les mains des ouvriers. M. Rondelet donne en garantie de sa voûte de la Halle au blé , l'existence de la coupole du Panthéon français (2), qui est de toutes

---

(1) La pierre de lambourde est de toutes les espèces tendres, celle qui se décompose le plus rapidement ; c'est ce qui la rend de beaucoup inférieure , en qualité , à la pierre de St.-Leu.

Si la pierre de lambourde, de St.-Maur, est la meilleure de son espèce, elle a , comme toutes les pierres tendres, l'in-

convénient de ne pas résister à l'humidité. Une partie de la corniche rampante du fronton de la tour du nord, à l'exposition du midi, au portail de St.-Sulpice , construite en 1778, faite de cette lambourde , cette partie s'est décomposée, et a été reconstruite en 1806.

(2) Les architectes connoissent les nom-

celles exécutées, la plus légère, et selon lui, la plus solide. Un pareil modèle ne peut servir ici de règle, sous aucun rapport; la voûte de la Halle au blé est très-différente dans sa coupe de celle du Panthéon; la première est sphérique, la seconde est sphéroïde; dans celle-ci, des courbes ou arcs intérieurs, des côtes éminentes, extérieures enchaînent et fortifient, autant qu'il a été au pouvoir de Soufflot, les voussoirs qui construisent sa grande voûte; aucune ouverture ne l'affoiblit; de plus, les deux voûtes intérieures lui prêtent d'utiles secours. A la Halle au blé, la coupole n'a qu'une seule voûte; les voussoirs sont simples, ordinaires, et leur union est intervertie par les cinq vastes baies demi-circulaires de trente-deux pieds de largeur.

Mais la coupole du Panthéon offerte comme autorité, parce qu'elle existe, est jeune encore, elle ne compte que vingt-cinq ans; *elle est de toutes celles exécutées, la plus légère.* Laissons au tems à prononcer sur cette grande solidité qu'on lui attribue. Soufflot, en réduisant aux plus foibles épaisseurs cette voûte de son dôme, a été déterminé dans cette mesure extraordinaire, par la nature du plan des piliers, mesure qu'il n'auroit pas adoptée sans cette haute considération, et par laquelle cependant il n'a pu obvier à l'écra-

breuses études, les modèles multipliés que Soufflot a faits, afin d'arriver au terme où il s'est arrêté pour la construction de son dôme, dont M. Rondelet a dirigé l'exécution entière.

Soufflot, cet architecte instruit, a puisé ses principaux moyens dans l'ingénieuse coupole de Brunelleschi. Il a, pour alléger le poids de son dôme, adapté, dans sa troisième voûte, qui circonscrit les deux autres, il lui a adapté le même système des arcs placés intérieurement au sommet des murs d'enceinte du même temple de Florence, construits bien avant la coupole.

Mais dans les détails publiés par la gravure, en 1797, des constructions du dôme du Panthéon français, comparés avec ceux de la cathédrale de Florence, mis au jour en M. DCC. X, on reconnoît la supériorité de la coupole de Ste.-Marie-des-Fleurs, sur celle de Ste.-Geneviève, pour la solidité.

sement de ces mêmes piliers , comme l'a démontré la plus triste expérience.

La coupole de la Halle au blé , de M. Rondelet, *a une épaisseur la moindre qu'on puisse lui donner : ce sont ses propres expressions.*

L'art de bâtir défend de jamais ériger aucun mur , aucune voûte, qui seroient réduits à la plus foible épaisseur que sembleroit permettre un calcul rigoureux, pour la solidité. L'expérience défend de jamais faire dépendre en partie la stabilité d'un édifice public , sur-tout de l'importance de celui de la Halle au blé , de la perfection de l'appareil, ni de la précision de la main-d'œuvre dans la construction de la voûte qui doit couvrir la cour. *Ce n'est que dans les arts d'agrément, tels que la musique et la danse, que le succès dépend de l'habileté de l'exécution.*

L'art de bâtir, d'ailleurs , veut que l'axe d'une voûte soit le même que celui des murs qui la portent (1). Il en est tout autrement de la coupole de M. Rondelet, elle n'occupe que la moitié du mur qui en est le support, l'un et l'autre a son axe particulier.

Une remarque importante se présente. M. Rondelet a calculé les pieds-droits des portiques qui sont les points d'appui de tout l'édifice, comme étant faits de pierre dure d'Arcueil ; et ils sont, au contraire, en pierre tendre , à l'exception de leur socle et de trois assises au-dessus.

L'analyse que je viens de faire , les remarques fondées sur les principes de solidité, contre les projets de coupole de la Halle au blé

(1) J'ai donné, dans la première partie de cet Ouvrage, la raison de cette con- dition , que j'établis comme principe de la construction des voûtes.

de M. Rondelet, prouvent évidemment l'impossibilité de l'exécution de ses plans.

### Projets de Coupoles de MM. D***., Giraud, B***. et L***. (1).

Je vais embrasser ici l'examen de quatre projets d'auteurs différens, et je me bornerai à quelques observations particulières sur chacun d'eux; aucune des coupoles ne m'ayant paru, même celles en pierre, exiger une analyse étendue.

Le premier de ces projets qui se présente, est celui de M. D***; la coupole de cet architecte est sphérique, érigée sur un stylobate de treize pieds six pouces de hauteur, au-dessus de la corniche de l'édifice. Des caissons carrés décorent cette voûte ouverte à son sommet seulement; sa construction seroit toute en pierre de taille.

L'auteur n'a point donné le plan de son projet; ses dessins ne consistent qu'en une seule coupe, sans être même accompagnés de mémoires explicatifs. L'on ne voit point dans cette coupe des constructions additionnelles à celles de la façade du bâtiment, que rendroit d'autant plus nécessaires la grande masse du stylobate de treize pieds six pouces, en surélévation aux murs existans. Cette coupole ne pourroit être exécutée.

Le second des projets sur lequel je dois m'expliquer, est celui de M. Giraud, qui est dans les mains du public. Un discours imprimé et accompagné de figures gravées, donne l'explication du système particulier de la construction de la voûte, de ses dépendances, et le genre de sa composition. Cette coupole consiste en un socle

(1) Rapport du 5 avril 1806.

établi au-dessus de l'entablement de la Halle ; sur lui , règne dans le pourtour de l'édifice , un péristyle en galerie, construit de colonnes en bois de sept pieds de hauteur, toutes liées par des arcs, et couronnées par une corniche. Sur ce soubassement immédiat , s'élève une voûte sphérique composée de fermes de fer , d'entretoises et d'autres pièces d'assemblages ; les espaces intermédiaires seroient hourdés en briques creuses dans la partie basse de la voûte, et en platras dans les parties supérieures.

CE projet dans son ordonnance de colonnes , dans sa construction mixte de fer , de bois et de maçonnerie , ne convient nullement à l'architecture de la Halle au blé.

LA coupole de M. B***., telle qu'elle a été présentée par cet architecte, ne consiste que dans un mémoire qui la fait connoître, sans être accompagné d'aucun dessin. Voici en quoi elle consiste, d'après la description qu'il en donne :

LA voûte est établie à nud sur le plan supérieur de la corniche du bâtiment , sa coupe est sphérique ; elle consiste en fermes de *fer forgé* , savoir de deux sur chaque trumeau de l'attique de la Halle, scellées dans les murs , laissant entre elles , dans l'axe des croisées inférieures, un nombre égal de grandes lunettes qui s'élancent dans la voûte : chacune des fermes est , à son origine, isolée , indépendante l'une de l'autre. Il n'y a pas lieu de se livrer à aucune étude du projet de M. B***. , en l'absence de plans et de coupes qui le fassent connoître dans son ensemble , principalement sous le rapport de la construction.

JE passe à l'examen du quatrième des projets qui appartiennent à ce Rapport, celui de M. L***. (1). La coupole de cet architecte se

______

(1) Ce projet a été communiqué au  Conseil, le 29 mars 1806.

compose d'un socle en pierre de quatre pieds de hauteur et de trois pieds d'épaisseur en surélévation à la corniche de la Halle, et sur lui, s'érige une voûte sphérique dont la construction consisteroit en des pièces d'assemblages de *fer fondu ;* la couverture seroit faite en même métal, ainsi que les caissons carrés qui décorent l'intérieur de la voûte : ce projet seroit exécuté selon un système nouveau.

Après avoir étudié avec attention les dessins qui m'ont été remis, ainsi que le mémoire explicatif ; en m'attachant aux principes que j'ai avancés contre l'emploi du fer pour la coupole de la Halle au blé, je n'ai point poursuivi mes recherches ; je ne puis conséquemment émettre un avis motivé sur cette composition.

Le projet de M. L***. étant le dernier de ceux que le Conseil ait eu mission d'examiner (1) ; ici, se borne le travail que j'avais à remplir sur cette importante matière.

(1) Au mois de juin 1806, après que les opérations du Conseil furent terminées, M. M***. lui fit voir deux projets de coupoles différens, l'un pour être construit en *fer fondu,* et l'autre en pierre de taille, au choix du Gouvernement.

Ces mêmes projets ont été adressés ensuite, officiellement, à la Commission spéciale, au ministère de l'intérieur.

# EXTRAIT DU REGISTRE DES SEANCES

## DU CONSEIL GÉNÉRAL DES TRAVAUX PUBLICS

### DU DÉPARTEMENT DE LA SEINE.

SÉANCE DU 14 MAI 1806.

*Résumé de l'avis du Conseil, d'après l'analyse des rapports particuliers de ses membres, sur les projets de coupoles de la Halle au blé.*

1º. LE Conseil pense que ce qui seroit sans doute le plus convenable et le plus solide seroit une coupole en pierre, mais qu'elle ne pourroit s'exécuter sans danger sur les murs actuels, dans l'état où ils sont, sur-tout si l'on considère les différens effets qui se sont manifestés au mur extérieur et aux voûtes en briques et chaines de pierre qui couvrent actuellement les deux étages des magasins de la Halle au blé ;

2º. SI l'on veut absolument couvrir cet espace par une coupole en pierre, il sera nécessaire d'ajouter de nouvelles forces aux points d'appui actuels. M. Le Camus de Mézières, qui a bâti ce monument, avoit, dans un projet qui fait partie du recueil gravé, publié par cet architecte, reconnu la né-cessité de ces points d'appui additionnels, et conséquemment l'insuffisance des murs pour supporter le poids d'une coupole de ce diamètre, réduit cependant d'un cinquième environ, et qu'il proposoit d'ériger en pierre et en briques. Mais, d'après un examen approfondi de ce projet, sous le rapport

Q

de la composition et des moyens de construction, le Conseil a éprouvé le regret de ne pouvoir en proposer l'exécution ;

3°. Comme aucun des projets proposés pour être exécutés en pierre, ne présente cette addition de force résistante que le Conseil juge indispensable à l'existence de cette coupole, soit en pierre, soit en briques, il en conclut qu'aucun d'eux ne pourroit être adopté ;

4°. La difficulté de se procurer, aujourd'hui, des bois d'un équarrissage suffisant et bien sains, la durée trop limitée de cette matière, et les dangers qu'elle entraîne relativement au feu, sont autant de motifs qui doivent faire rejeter les projets en bois pour cette reconstruction ;

5°. Le fer forgé peut être admis comme matière à employer pour la construction de cette coupole. Cependant sa ductilité, qui facilite la dilatation, et le prix auquel revient ce métal, apportent de grands obstacles à son emploi unique ;

6°. Le fer coulé, moins sujet à la dilatation, et moins cher, à poids égal, paroîtroit donc préférable ; mais comme il ne peut, dans bien des cas, s'employer aussi mince que le fer forgé, il en résulteroit, pour certaines parties, un excédent de poids qui rapprocheroit infiniment la dépense de celle du fer forgé. Il paroît donc, d'après ces observations, que si l'on combinoit avec art le fer forgé et le fer fondu, en les appliquant à chacune des parties où il seroit avantageux de le faire, on auroit atteint le but proposé. M. Legrand a présenté un projet dans cette hypothèse, mais comme il n'a point donné de détails de construction suffisamment développés, on n'a pu juger de la possibilité de son exécution. Suivant cette combinaison du fer forgé et du fer fondu employés convenablement, le poids total de la coupole se trouveroit ainsi au-dessous de celui de toute construction en pierre ou en briques ; par conséquent, elle chargeroit infiniment moins les points d'appui, et sembleroit alors permettre d'ériger cette coupole au-dessus des murs actuels, sans danger pour son poids ;

7°. Le projet de M. Giraud, proposé en fermes, qu'on peut supposer de fer, d'après l'indication des planches gravées, avec entre-toises et autres pièces d'assemblages, et un remplissage hourdé en platras ou en briques creuses, et plafond en plâtre, ne présente pas, en résultat, une liaison et une solidité qui permettent de conseiller l'emploi de ce moyen, sur-tout pour une construction durable et de cette importance sur-ajoutée à un édifice construit en pierre de taille;

Ce projet n'est pas assez développé dans les dessins, ni dans le mémoire explicatif, pour pouvoir juger de la suffisance des moyens d'une construction inusitée pour des voûtes d'un diamètre aussi considérable. Cette coupole repose d'ailleurs sur une coupole en poteaux isolés et à jour; et une telle base ne pourroit supporter une voûte aussi étendue.

D'après les observations rapportées ci-dessus, le seul projet de coupole, partie en fer et partie en pierre, inséré dans le mémoire de M. Rondelet, présenteroit dans la disposition des fermes de fer et leurs entre-toises, une exécution possible : mais la portion de coupole en pierre, qui supporte celle en fer, à nud à sa base, et sans empattement (ainsi qu'il est indiqué dans le dessin de la coupe, et dans les développemens de la courbe), ne présente pas une solidité capable de pouvoir résister au poids supérieur. L'effet de la dilatation du métal ne paroît pas non plus prévu, et son effet sur les cercles horisontaux, tendroit à renverser la portion de voûte en pierre sur laquelle repose la partie en fer de cette coupole. D'ailleurs, le poids de cette partie supérieure, d'après la figure, porte sur un angle aigu et sur un plan horisontal à la base, sans doute pour éviter la poussée. Il suit de là que, si, de l'extrémité de l'extrados de la voûte en fer, on abaisse une verticale, on verra que le poids supérieur n'a plus, pour point d'appui, qu'une partie d'environ douze à treize centimètres ( 4 à 5′. ). Donc, cette coupole, ainsi composée de deux parties de nature tout-à-fait différente et sans liaisons entre elles, au moins à en juger par les dessins joints au mémoire, seroit contraire aux principes d'une bonne construction, et présenteroit à l'œil une coupure désagréable.

Il résulte de l'application des principes développés dans l'avis du Conseil, et dans l'analyse des rapports particuliers de ses membres, qu'aucun des projets proposés ne pouvant s'exécuter tels qu'ils ont été présentés, l'Administration doit se faire donner de nouveaux projets, avec tous les développemens, devis et détails nécessaires pour juger de la possibilité de leur exécution et de leur dépense.

*Signé*, Ch.-F. Viel, Molinos et Legrand.

*Pour extrait conforme, l'Auditeur au Conseil d'État, Secrétaire général*,

F. Hély.

# DISSERTATIONS

SUR

## LES PROJETS DE COUPOLES

DE LA HALLE AU BLÉ DE PARIS,

FAITES A LA COMMISSION SPÉCIALE AU MINISTÈRE
DE L'INTÉRIEUR.

1806 et 1807.

# DISSERTATIONS

## SUR

# LES PROJETS DE COUPOLES

## DE LA HALLE AU BLÉ DE PARIS.

## SECONDE PARTIE.

### COMMISSION SPÉCIALE.

*Des Coupoles en pierre.*

*Réponse aux objections de M. Rondelet, contre l'avis du Conseil du département (1).*

Entre les différentes pièces transmises à la Commission, par S. Exc. le Ministre, et dont elle a pris connoissance dans sa première séance ( le 11 novembre ); les objections faites par M. Rondelet, contre l'avis du Conseil du département, qui ont été lues, ont fixé toute mon attention. Je dois relever aujourd'hui les assertions extraordinaires que contiennent ces objections.

(1) Séance du 17 novembre 1806.

J'ai avancé dans mon Rapport du 15 mars ( 1806 ), fait au département, que la coupole de M. Rondelet, dans ses dimensions de cent vingt pieds de diamètre et cent pieds de hauteur seulement, manque des rapports qui doivent exister entre les deux grandeurs principales d'une ordonnance de ce genre ; et j'ai conclu que les dessins de l'auteur violoient, à cet égard, les lois de l'eurythmie.

M. Rondelet, ainsi qu'il s'en explique dans ses objections, pense que rien n'est positif dans une composition d'architecture, comme ordonnance, que chacun traite selon son sens particulier et l'espèce qu'il adopte. Aussi, dit-il, jamais je n'ai vu les architectes, entre ceux qui jouissent d'une réputation distinguée, et avec lesquels mes relations sont habituelles ; jamais, je ne les ai vus porter un jugement égal sur l'ordonnance du même monument. De là, il conclut que les proportions de sa coupole sont aussi bonnes que toutes celles différentes qu'on pourroit lui donner (1).

Or, je le demande ; produire de pareilles idées, n'est-ce pas provoquer le retour des siècles de la barbarie ? N'est-ce pas les avoir déja fait renaître ?

Un grand, un bel édifice dont toutes les parties sont en harmonie,

---

(1) Cette manière de juger l'architecture, très-commode, est assez commune aux géomètres qui construisent ; elle prouve que ceux qui raisonnent ainsi, n'ont aucune notion des beaux-arts.

J'ai fait sentir, dans mon discours *Des anciennes études de l'architecture*, l'erreur et le danger de ces faux jugemens.

Pages 4, 5, 6 et 7.

Paris, 1807.

Cependant, tous les mathématiciens ne pensent point ainsi de l'architecture. un d'eux, homme de goût et amateur de cet art, a dit :

*Il n'y a point d'art sans régles qui forcent l'artiste d'employer ce qui est connu pour bon. Les ruines des édifices antiques prouvent l'établissement de ces régles.*

dont

dont toutes les parties sont fortement constituées ,

N'est pas de ces travaux qu'un caprice produit.

La preuve la plus frappante qu'il existe des principes régulateurs de l'invention en architecture , qui en déterminent le genre et l'espèce , se trouve dans la difficulté elle-même d'ajouter , avec succès , des parties nouvelles au plan de la Halle , objet de la discussion ; une coupole , sous les rapports de l'ordonnance , comme je l'ai démontré dans mes réflexions générales du 8 mars 1806 , faites au département , qui soit heureusement appropriée au genre de l'édifice ; et sous les rapports de la solidité , parties qui soient proportionnées à la charge énorme d'une coupole en pierre de taille , de cent vingt pieds de diamètre. Cette composition exige beaucoup d'art , et toute autre chose que de simples courbes tracées par deux traits de compas , telles que le sont des projets qui sont sous nos yeux. Méconnoître l'existence des principes dans la composition en architecture ; n'admettre que l'arbitraire , que le goût propre de chaque architecte , d'où l'on fait dériver la cause unique de la diversité des jugemens sur ce qui constitue le beau dans un édifice ; appercevoir , sous cet aspect , l'architecture et oser la traiter , est se livrer à tous les écarts possibles , et se précipiter dans les plus grands dangers (1).

Maintenant sur le reproche fait par M. Rondelet aux architectes, de ne point s'accorder entre eux ; peut-il ignorer que cette diversité d'opinions n'est point particulière en architecture , qu'elle existe dans tous les beaux-arts , même dans les lettres. Il est constant ;

« Que des gens instruits , des hommes d'un esprit très-cultivé ,

(1) La justésse de ces dernières réflexions, que reconnoissent tous les architectes , va bientôt être démontrée dans un édifice public de la capitale.

R

« d'une littérature très-étendue, toutefois sont rarement d'accord
« entre eux. »

*Il en est ainsi, parce que les arts qui ont l'esprit pour juge,
sont exposés à l'arbitraire dans les jugemens.*

Cependant, si les architectes sont souvent en opposition sur des
productions de leur art, ils sont, en général, dans un accord parfait
sur tous les grands principes de la composition et de la construction.
La science qu'ils possèdent, celle des plans et des masses dans l'ensemble d'un édifice, les y rappelle nécessairement ; science puisée
dans la nature, et fixée par l'observation et l'expérience, si différente des sciences mathématiques qui ne sont utiles en architecture,
que pour le mécanisme de l'exécution des bâtimens, et nullement
pour l'invention.

Cet accord des architectes sur les principes de l'ordonnance et
de l'art de bâtir, est démontré par un exemple tout récent, et d'une
manière frappante, par le jugement, sur les projets de coupole de
la Halle au blé, du Conseil des travaux publics du département ;
jugement qui n'aura fait, sans doute, que précéder celui que la
Commission doit rendre (1).

Je conviendrai, toutefois, que cet unisson si précieux pour le service public, dans l'exercice d'un art aussi utile que celui de l'architecture, ne peut que s'altérer désormais en effet, l'isolement actuel
où se trouvent réduits les architectes depuis vingt ans, à compter
de la destruction de l'Académie ; et par suite, l'insouciance où les

(1) Le rapport de la Commission, sur les projets de coupoles de la Halle au blé, du 26 février 1807, fait à S. Ex. le Mi-nistre de l'intérieur, a prouvé le même accord.

malheurs des circonstances les ont précipités, pour la science, et dont nous voyons déja les tristes fruits; cet état de choses extraordinaire peut seul, pour l'avenir, rompre cet accord dans l'application des principes qui seront inconnus, oubliés.

Mais les géomètres eux-mêmes qui nous accusent si légèrement, quoiqu'ils possèdent tous l'algèbre, *l'instrument du calcul*, parvenu de nos jours au plus haut degré de perfection; les géomètres ne sont-ils pas aussi en opposition d'avis sur les points de constructions les plus importans (1), dont ils veulent traiter, et qui appartiennent aux architectes. Rappelons un événement de ce genre, très-remarquable, où cette diversité d'opinions, de leur part, a éclaté au siècle dernier; je me bornerai ici à cette seule citation.

« A l'époque de 1742, des fentes, des lézardes se manifestèrent
« tant au dehors que dans l'intérieur du dôme de St.-Pierre, à
« Rome; les mathématiciens d'alors furent consultés. Le père Jacquier,
« le père Lesueur, et le fameux père Boscowich, jésuites, ces savans
« opinèrent que ces défauts de la coupole étoient une suite de sa
« mauvaise forme, et conclurent de là que ces fentes étoient de la
« plus grande conséquence, et qu'il falloit promptement alléger ce
« dôme et l'entourer avec des cercles de fer, afin qu'il ne s'écartât
« pas davantage. »

« Les mathématiciens de Naples, Intieri, Orlandi et Martini,
« tous les trois également habiles, se moquèrent de l'avis des mathé-
« maticiens de Rome (2). »

---

(1) J'ai signalé cette diversité d'opinions chez les algébristes, dans mon chapitre *Des voûtes*.

(2) *Vies des architectes*, tom. II, pag. 369, 370.
Paris, 1771.

La diversité, il faut en convenir, qui règne dans les jugemens des hommes instruits sur les mêmes objets d'art, de science et de littérature, ne peut altérer en rien l'existence des principes propres et particuliers aux sciences, aux lettres et aux arts ; et sans principes, il est impossible de faire rien de beau, de grand et de solide en architecture.

Donc, le reproche que je relève, adressé, par M. Rondelet, aux architectes, n'est point fondé en raison.

J'ai avancé dans le même Rapport déja cité ( du 15 mars 1806 ), que la voûte de M. Rondelet, qui s'érige à nud, sans empattemens, sur les murs de la Halle, et n'occupe que la moitié de leur épaisseur ; j'ai dit qu'elle n'exerceroit d'action *directe* que sur la moitié de leur superficie.

Voici la réplique faite à cette observation :

*Loin*, dit l'auteur, *que les empattemens manquent dans ma coupole, ils sont, au contraire, abondans, puisqu'il existe un excédent d'épaisseur dans le mur sur lequel elle s'érige, d'où résulte*, selon lui, *un contrefort puissant sous la charge.*

Cependant, M. Rondelet convient dans son mémoire imprimé (1), *que l'épaisseur, vingt-huit pouces, est la moindre qu'on puisse donner à une voûte de ce diamètre, cent vingt pieds.*

Les notions les plus simples sur la construction des voûtes font appercevoir qu'il est impossible dans un édifice, tel que celui de la Halle au blé, de construire une voûte d'une aussi grande di-

_______

(1) Article II, pag. 8.            Paris, 1803.

mension, réduite à la foible épaisseur de vingt-huit pouces, que les calculs mathématiques ont donnée à cet habile géomètre.

Avant donc de prétendre, comme le fait M. Rondelet, que les murs existans de la Halle puissent recevoir le poids énorme d'une coupole en pierre de cent vingt pieds ; avant de compter obtenir aucune sorte d'empattemens sur ces mêmes murs, il faut que l'épaisseur nécessaire, celle que les principes commandent pour la solidité, en raison de son diamètre et de son espèce, soit définitivement fixée. Or, la voûte de M. Rondelet n'a d'empattement sur l'un des côtés du mur qui la porte, qu'à raison de sa petite épaisseur de vingt-huit pouces ; elle n'est nullement fortifiée, à son origine, par des masses adhérentes, indispensables à cette nature de voûte, et qu'il est impossible d'établir sur le plan du mur, dont la surface n'est que de quatre pieds huit pouces, au-dessus de la corniche de l'édifice.

Donc, foiblesse relative dans les murs, foiblesse absolue dans la voûte établie sur une partie seulement du mur, au lieu d'en occuper la superficie entière ; foiblesse enfin qui s'accroît encore par les vides des cinq grandes lunettes de trente-deux pieds, et qui, selon la remarque faite par un des membres du Conseil du département, *ont le double inconvénient de refouler tout le poids de la coupole sur un petit nombre de piliers des portiques.*

Donc, M. Rondelet ne peut soutenir que sa coupole aura des empattemens sur les murs de la Halle, et obtenir d'eux *un contrefort puissant sous la charge.*

En vain notre savant mathématicien se confie dans la force propre des pierres qui construisent les murs de la Halle au blé, qu'il prétend connoître à l'aide de la machine à écraser les pierres. En vain il attribue à la science du trait les ressources les plus puissantes dans la structure de sa voûte. Ces ressources ne sont que fictives, elles ne peuvent donner à ses objections aucune force pour détruire ce que j'ai avancé contre la solidité de sa coupole, selon ses plans ; elles ne peuvent infirmer en rien l'avis du Conseil du département, qui l'a déclarée inexécutable.

Je passerai légèrement sur l'observation de M. Rondelet, contre l'application des mots, *force centrifuge*, que j'ai faite (1), pour exprimer la nature de l'effort que les contre-clefs, les clefs des cinq grandes lunettes de sa voûte éprouveroient à l'extérieur et dans leur coupe entière. Il prétend que ces mots, *force centrifuge*, *ne conviennent qu'en astronomie*. Je sais qu'ils sont spécialement employés dans cette science (2) ; je le prie néanmoins de me permettre de les conserver, parce qu'ils expriment parfaitement ma pensée sur l'effet de destruction des lunettes de sa voûte, d'après leur grandeur, d'après la foible épaisseur des voussoirs, quelque recherché qu'en fût l'appareil, quelque soignée que puisse être l'exécution entière de la coupole (3) ; enfin, la rhétorique me permet la transposition de ces mots et leur application, ils m'étoient nécessaires.

---

(1) I^re. partie de ces Dissertations : Rapport sur la coupole en pierre, de M. Rondelet.

(2) *Les découvertes de Galilée, sur la chûte des graves, et d'Huygens, sur les développées et sur la force centrifuge, conduisoient à la théorie du mouvement dans les courbes.*

Jugement sur Newton.

L'écolier des basses classes de latinité, sait que le mot français *centrifuge*, est un composé du verbe latin *fugere*, fuir,

et du substantif neutre *centrum*, centre ; *fuir le centre*.

Or, l'effet que j'ai prédit seroit précisément celui-là, une puissance chasseroit au dehors, et non pas au dedans de la voûte, les parties constituantes des lunettes.

(3) M. Rondelet a proposé, dans ses explications faites à la Commission, de porter l'épaisseur de sa voûte à trois pieds, au lieu de deux pieds quatre pouces qu'elle a dans ses dessins ; il a aussi annoncé qu'il supprimeroit les cinq grandes lunettes.

## *Des proportions générales à donner à la Coupole* (1).

La nouvelle coupole de la Halle au blé, par sa grandeur, par l'espèce de l'édifice dont elle doit faire une partie principale, par la nature de sa construction, doit être classée au rang des morceaux d'architecture importans ; elle doit donc se composer de proportions qui lui conviennent, et qui soient en concordance avec celles de la façade, au-dessus de laquelle elle s'érigera.

Les premières proportions à donner à cette coupole consistent dans les rapports de sa hauteur avec son diamètre ; elles dépendent de la nature du plan des nouvelles bases qui en seront les soutiens immédiats, au lieu que ce soient les piliers actuels, comme le font les différens auteurs de projets de coupoles en pierre ; ces piliers ne doivent fournir qu'un foible contingent aux points d'appui de la nouvelle voûte. Or, pour arriver à cette fin, la question suivante se présente :

La coupole de la Halle au blé prendra-t-elle sa naissance dans le plan supérieur de la corniche de l'édifice, ou sur un simple socle qui seroit d'une foible surélévation à la façade qu'elle doit surmonter ?

Si la voûte nouvelle s'élevoit immédiatement sur la corniche de l'édifice, elle seroit d'une proportion raccourcie, désagréable, parce

Cet accroissement d'environ un tiers de l'épaisseur première, ne produit que le rapport d'*un* à *quarante* avec le diamètre qui laisse encore la voûte de beaucoup inférieure à celle que la solidité exige.

D'ailleurs, les murs de la Halle en devenoient d'autant plus surchargés.

(1) Séance du 24 novembre 1806.

que sa hauteur n'auroit, comme celle de M. Rondelet, que cent pieds, et le diamètre cent vingt pieds, différence : vingt pieds au-dessous de la proportion moyenne de ce genre d'ordonnance ; si la voûte nouvelle n'avoit qu'une foible surélévation au plan de la corniche, sa proportion resteroit encore trop courte.

Or, pour établir le rapport entre les deux dimensions principales de la coupole de la Halle au blé, selon les règles de la composition et du goût, il y a nécessité de surélever ses bases nouvelles pour atteindre celui de l'égalité de dimensions entre le diamètre et la hauteur de la voûte, à compter du sol jusqu'à son sommet. Les proportions que je rappelle ici, ne sont nullement arbitraires ; les anciens les ont établies. La coupole de la Rotonde, dont le diamètre a cent trente-trois pieds, a de hauteur cent quarante-six pieds au-dessus du pavé du temple ; et de ces rapports principaux, et de l'ordonnance qui constitue l'édifice entier, résultent les effets les plus imposans dans l'ensemble de ce chef-d'œuvre d'architecture.

La coupole de la Halle au blé, quoique d'une classe inférieure au monument antique que je viens de citer pour exemple des proportions générales qu'elle doit avoir, obtiendra, par les ressources de l'art, un caractère mâle convenable à l'édifice entier ; c'est le but où arrivera l'architecte qui sera chargé de son exécution, s'il ne perd point de vue les principes que j'expose.

Je conclus par proposer que la Commission arrête que la nouvelle coupole aura environ une hauteur égale à son diamètre, et une seule ouverture à son sommet.

De

*De la Machine à écraser les pierres ; de la reconnoissance
des fondemens de la Halle ; des modèles en général* (1).

La Commission a ordonné, dans la séance précédente, trois opérations différentes : la première, que des expériences de la machine
à écraser les pierres seroient renouvelées ; la seconde, que des sondes
seroient faites pour reconnoître la nature des fondemens de la Halle ;
la troisième, qu'un modèle de six pieds de grandeur seroit exécuté
sur les dessins de la coupole de M. Rondelet, et ces diverses dé-
cisions ont eu leur exécution. Je vais communiquer aujourd'hui,
à l'Assemblée, quelques réflexions sur ces mêmes objets.

Je dois dire, avant tout, que s'il m'eût été possible d'obtenir
quelques lumières nouvelles des expériences de la machine à écraser
les pierres, j'aurois assisté à celles du 30 novembre dernier ; mais
il n'y avoit pas lieu pour moi. Je connoissois les résultats de cette
machine publiés, depuis longtems, par M. Rondelet, et je ne doute
nullement de leur vérité. Au contraire, je les ai adoptés pour bases
des raisons que renferment mes différens ouvrages imprimés (2),
contre les ressources illusoires de cette machine, découverte ingénieuse due au savant d'honorable mémoire, feu M. Gauthey.

L'impuissance de cette machine à écraser les pierres, est démontrée

---

(1) Séance du 12 janvier 1807.

Ce discours fit élever des discussions très-
étendues, et sur l'édifice, et sur les nouvelles constructions projetées. On convint,
dans cette séance, du jour de l'examen du
modèle de coupole de M. Rondelet, qui
s'exécutoit au Panthéon.

(2) Mémoire sur le Panthéon français.
Paris, 1797.

*Des erreurs publiées sur la construction
des piliers du dôme du Panthéon.*
Paris 1806.

S

pour pouvoir, par elle, fixer dans un plan le volume des masses nécessaires à la solidité d'un édifice à ériger. L'on doit convenir que ce seroit hasarder bien davantage que d'appliquer ses résultats à des constructions existantes , telles que les pieds-droits des arcades de la Halle au blé.

La force propre des pierres, d'ailleurs, n'est pas l'unique connoissance à posséder pour la solidité des constructions. Il en existe une première et principale, l'art de composer de bons plans, d'où naissent les rapports que les surfaces des corps , des points d'appui particuliers doivent avoir avec leur hauteur , selon l'espèce et le volume de la charge qu'ils ont à porter; rapports sans lesquels il n'y a point de force réelle dans un édifice. Cette considération absolue imposée par la nature , saisie par les anciens, d'après leur haute conception, a dirigé toutes leurs opérations dans la construction des bâtimens , ainsi qu'on le reconnoît dans leurs ouvrages ; considération qui les a conduits à établir des règles fondamentales , positives pour la solidité. Ainsi , la nature de ces rapports veut qu'une colonne, pour être stable sur sa base, n'excède pas dix à onze diamètres de hauteur, et sans égard à la densité des pierres qui la construisent. Les Gothiques , qui n'ont connu aucune proportion, aucune harmonie linéaire dans leurs compositions, ont cependant apperçu , par instinct, cette condition pour la solidité , en grouppant des espèces de colonnes auxquelles ils donnoient vingt-cinq et trente diamètres de hauteur, et tous construits de la pierre la plus dure. Aussi, lorsqu'ils ont voulu, comme à l'église d'Angers , ériger des piliers solitaires ronds, le terme le plus élevé qu'ils se soient permis , n'a point excédé vingt ou vingt-deux diamètres ; ici, la grosseur des piliers est de onze pouces, et la hauteur vingt pieds, exemple rare en ce genre. D'après cet exemple, Soufflot a prétendu s'en autoriser pour légitimer l'extrême foiblesse relative des piliers de son dôme de Ste.-Geneviève. Il convient de remarquer que les piliers ronds de l'église d'Angers , quoique les voûtes soient des plus légères , sont chacun composés , sur leur hauteur, de trois morceaux seulement ; et leur immobilité dépend toute entière de l'action verticale de huit arceaux ogifs qu'ils reçoivent ; et si un seul de ces arcs étoit détruit , l'équilibre seroit rompu , tous les arcs et les piliers , sans exception , écrouleroient aussitôt.

Donc , tout point d'appui qui auroit une hauteur indéfinie , au-delà de la limite prescrite par la nature des rapports entre l'épaisseur et la hauteur , ne pourroit rester sur pied, quoique sous une charge beaucoup inférieure à celle que lui permettroit de soutenir la densité des pierres qui le construiroient ; la plus légère secousse , la moindre inégalité dans la pression du poids supérieur , le renverseroit.

J'ai traité , avec un développement complet, de ce principe dans mon ouvrage , *De la solidité des bâtimens puisée dans les ordres d'architecture.*

Donc , la machine à écraser les pierres ne peut être invoquée pour déterminer l'épaisseur à donner dans aucune construction ; donc , elle ne peut servir à juger la solidité des pieds-droits de la Halle , sur lesquels on veut ériger une coupole en surcharge.

Je passe maintenant à la reconnoissance des fondemens de la Halle. Je dis que dans l'hypothèse où ils seroient de la construction la plus puissante , ils ne pourroient en rien fortifier les murs en élévation qui recevroient immédiatement le poids de la coupole.

Aujourd'hui , et d'après la visite faite ( le 4 janvier 1807 ) sur les lieux , nous savons que les fondemens de la Halle consistent en un cours de libages établis sur un banc de sable ; ils forment un plateau

de quinze pouces au-dessus duquel la maçonnerie, toute en meulière, a douze pieds de hauteur sur six pieds huit pouces d'épaisseur,
sans aucune chaîne de pierre de taille ; ces fondemens sont couronnés par une assise aussi de libages de treize, quatorze et quinze
pouces, qui reçoit le socle des piliers, ayant sur elle dix pouces
de retraite. Aujourd'hui donc, ayant découvert d'ailleurs à différens
points, qu'il existoit des cavités de huit et neuf pouces, il n'y a
point lieu de compter sur une solidité surabondante dans les fondemens de la Halle pour pouvoir les surcharger d'une voûte quelconque.

Il me reste à présenter à la Commission quelques vues sur l'utilité des modèles, et d'en faire l'application à celui ordonné par elle,
de la coupole de M. Rondelet.

Les modèles d'ensemble d'un édifice ne sont nécessaires que sous
le rapport particulier de l'ordonnance ; ils facilitent et déterminent
le jugement de l'architecte sur les proportions que les diverses parties
d'un monument à construire doivent avoir avec le tout, dans l'exécution ; jamais un modèle ne peut exprimer l'action que les corps,
par suite de la gravité qui leur est assignée par la nature, exercent
entre eux (1).

Les modèles, ceux faits seulement des parties principales d'un
édifice, et sur une grande échelle, ne servent à l'architecte, que

---

(1) J'ai fait exécuter des modèles d'ensemble de plusieurs de mes bâtimens,
uniquement pour me rendre compte des
effets dans l'ordonnance. De ce nombre
sont :

La Halle au blé de Corbeil ;

Le grand escalier du Mont-de-Piété ;

Le plan général du grand égout de Bicêtre.

pour se rendre un compte plus sensible que ne le font les épures, de l'espèce de l'appareil qu'il doit adopter dans ses constructions (1).

Mais, pour n'insister que sur les modèles d'ensemble, objets de ces réflexions, je dis que toujours un modèle est exécuté sur une échelle plus ou moins réduite, et à une distance considérable du volume des parties en exécution ; les matières employées dans un modèle sont saines et bien choisies ; les pièces qui les composent sont en petit nombre, quelque grande que soit l'échelle; l'appareil, la main-d'œuvre peuvent en être parfaits ; le gros volume relatif des pièces opère des contre-poids d'une force complète ; et la puissance, à raison de la petitesse des leviers, est d'un foible effort contre la résistance. Une expérience que j'ai faite en ce genre, m'a confirmé ce que le raisonnement m'avoit appris.

Je supposerai que le modèle de la Halle au blé, par sa grande dimension ( six pieds ), ait un même nombre de voussoirs et en pierre (2), que celui qu'elle auroit en exécution. J'admettrai que, sans le secours d'aucun mortier, sans le secours de goujons en fer scellés dans les coupes, cette voûte se tienne en équilibre ; assurément ce seroit une erreur grave de conclure à la stabilité de celle à exécuter dans les mêmes rapports ; et quel que fût la perfection de l'appareil.

En effet, dans l'édifice qui se construit d'après un modèle, l'accroissement cubique qui a lieu dans les masses, l'extension des leviers

---

(1) Tel est le motif qui m'a fait faire deux modèles de cette espèce.

L'un pour l'appareil des voûtes souterraines de l'égoût de Bicêtre ;

L'autre pour celui du principal embranchement de l'égoût de la Salpétrière.

(2) Ce modèle a été fait par grandes bandes de plâtre, portant plusieurs hauteurs de voussoirs.

ne sont nullement gradués avec l'état du modèle. Il n'existe réel-
lement aucun rapport entre la puissance et la résistance qui se font
équilibre dans l'édifice , avec la puissance et la résistance qui se ba-
lancent dans son modèle.

JE conclus d'après ces considérations, que le modèle de M. Rondelet n'offrira que la forme générale de la Halle au blé , surmontée
d'une voûte sphérique, selon son dessin ; que le modèle ne produira
aucun résultat qui soit en faveur de la construction qu'il propose
pour cette coupole.

LES réflexions qui se sont succédées dans ce Discours sur la reconnoissance de l'état des fondemens de la Halle , sur la machine
à écraser les pierres , sur le modèle exécuté, conduisent aux conséquences suivantes :

LES fondations de la Halle sont insuffisantes, sous le double rapport
de leur épaisseur et de leur construction , pour recevoir aucune
nouvelle surcharge d'un grand poids , et sur-tout celle d'une voûte
en pierre.

LA machine à écraser les pierres ne peut nullement servir de ré-
gulateur sur la mesure des forces nécessaires aux piliers sur lesquels
on veut ériger une coupole. Les calculs établis sur ses produits ,
seroient hasardés.

LE modèle ordonné ne peut avoir aucune analogie avec la coupole à ériger , dans ses rapports particuliers de solidité , ni dans
ses bases avec celles de l'édifice ; donc, impossibilité de conclure
pour l'exécution d'une pareille coupole, d'après son modèle. Donc,
toute expérience que l'on invoqueroit en faveur des modèles en
général, pour l'exécution d'un édifice quelconque , seroit fautive.

Iı faut en revenir aux principes fondamentaux de l'art de bâtir. Il faut se défendre, je le répète, de toutes ces innovations que j'ai signalées, et qui s'introduisent de nos jours avec un progrès effrayant dans la construction de nos édifices publics de toutes les classes; innovations qui ne laisseront pour l'avenir que des réfections ruineuses à faire, et des catastrophes redoutables à éprouver.

C'est pourquoi, je persiste à soutenir que la construction d'une coupole à la Halle au blé exige impérieusement, pour exister avec solidité, des *points additionnels* aux murs de face de la cour, mais qui s'unissent heureusement avec l'ordonnance générale de l'édifice, en sorte qu'ils paroissent appartenir au premier plan; et qui permettent de donner à la voûte l'épaisseur que la grandeur de son diamètre exige.

## *Des proportions particulières à donner à la nouvelle Coupole, et de sa construction* (1).

J'ai indiqué précédemment les proportions générales que la coupole de la Halle au blé doit avoir, celles entre son diamètre et sa hauteur. Je dois dans cette séance m'expliquer, et tracer les dimensions de toutes les parties de cette voûte.

J'ai figuré dans la dernière Assemblée, d'après la demande qui m'en fut faite, l'espèce des points d'appui, tels que je les avois conçus à l'origine de mon examen des divers projets de coupoles. Je vais aujourd'hui décrire le plan, le genre de l'ordonnance, la nature de la construction de cette voûte pour qu'elle soit d'une

(1) Pièce lue dans la séance du 12 janvier 1807.

solidité complète, et en concordance, dans ses formes, avec l'architecture de la Halle.

MAIS avant d'assigner les proportions particulières qui conviennent à un morceau si important, je citerai deux autorités, parmi le grand nombre que je pourrois invoquer, des principes dont je fais ici l'application (1) ; ces autorités que nos grands maîtres ont jugées comme des modèles, sont le temple de Jupiter, sur le Mont-Quirinal, recueilli par Palladio, et le temple de la Rotonde dessiné par Desgodets ; l'un et l'autre édifice antique couronné de coupole.

LE temple de Jupiter dont le plan est un décagone régulier, a soixante-dix pieds de diamètre intérieurement. La voûte qui s'érige sur ce plan (2), est, à sa naissance, unie à un acrotère au-dessus de l'attique extérieur, qui s'élève à plus du tiers de son axe vertical, indépendamment de cinq retraites supérieures. Dans cet édifice, le rapport entre le diamètre et l'épaisseur de l'acrotère, est d'*un* à *dix*.

LA Rotonde ou le Panthéon a cent trente-trois pieds de diamètre, qui est celui de la coupole (3) ; l'acrotère au-dessus de l'attique de neuf pieds dix pouces d'épaisseur, peut être considéré comme partie intégrante de la voûte, dont l'origine est dans le plan de l'attique. Or, en ne considérant que l'épaisseur de neuf pieds dix pouces seulement, comme étant celle de la voûte, il en résulte, entre cette dimension et celle du diamètre, le rapport d'*un* à *treize* $+\frac{1}{2}$.

---

(1) Principes que j'ai développés dans mon chapitre *Des voûtes, des péristyles,* qui fait partie de ce volume.

(2) Palladio, liv. **IV**, chap. **XXII**.

(3) Desgodets, chapitre I$^\text{er}$.

L'acrotère

L'acrotère embrasse la voûte jusqu'à moitié de sa hauteur totale; il est surmonté de plus par six retraites (1).

Il existe une similitude frappante entre les profils extérieurs des voûtes des deux temples que je viens de citer; ils n'ont de différence que celle de l'espèce de leurs plans, dont l'un est un décagone, l'autre un cercle parfait; cause pour le premier d'avoir plus d'épaisseur dans ses murs que le second.

Les différences proportionnelles qui se remarquent dans ces édifices, sous les rapports de la construction, sont la meilleure réponse à faire aux déclamations du jour contre les architectes anciens et modernes qui ont suivi leurs traces, et que l'on ose accuser d'avoir opéré, jusqu'au XVIII<sup>e</sup>. siècle, sans règles, et par tâtonnemens (2).

Maintenant, et après l'exposé fidèle des rapports qui constituent la force directe des voûtes sphériques, considérés dans deux grands exemples de ce genre de construction; je vais décrire les proportions particulières de la coupole de la Halle au blé, selon les dessins que j'en ai composés (3).

Vingt-cinq piliers correspondans aux pieds-droits des portiques sur la cour, de trente-trois pieds trois pouces de hauteur, sont les points d'appui immédiats de la nouvelle coupole réduite à cent onze

---

(1) L'épaisseur de la tour de Florence est dans le rapport de *un* à *neuf* $+\frac{1}{2}$, avec son diamètre, non compris les nervures extérieures.

*Descrizione e studj dell' insigne fabrica di S. Maria del Fiore.*
Anno M. DCC. X.

(2) J'ai disculpé de cet injuste reproche, les architectes anciens et modernes, dans mon chapitre *Des voûtes.*

(3) Voir la planche gravée, fig. I et II.

T

pieds quatre pouces de diamètre (1). Ces piliers ne tiennent au mur de face, que par de simples et légères engontures d'un pouce, adhérence commandée pour la solidité, dans les bases de la coupole, mais qui n'altère en rien les forces propres des anciennes constructions ; les piliers ou pilastres ont cinq pieds de long, et leur largeur, déterminée par celle des pieds-droits des arcades, est de trois pieds huit pouces ; ils sont réduits sous le cinquième, à quatre pieds huit pouces sur trois pieds six pouces. Ces pilastres s'érigent sur un socle de trois pieds six pouces de hauteur, et de niveau à celui des pieds-droits (2).

Un entablement de dix pieds de hauteur couronne l'ordonnance entière de pilastres, et au-dessus est un socle de cinq pieds. Les plates-bandes sont appareillées en un seul morceau ; la frise est composée de sommiers et d'un morceau unique dans chaque espacement (3), genre d'appareil absolument semblable à celui du temple de Jupiter Stator, à Rome.

Un attique de seize pieds de haut, y compris les quatre retraites supérieures, s'élève au-dessus du socle qui est le plan de la coupole qu'il fortifie à sa naissance, et dont l'épaisseur commune à ce plan est de quatre pieds huit pouces, réduite à deux pieds quatre pouces au sommet de la voûte, vers l'ouverture de trente-six pieds de diamètre et qui éclaire l'intérieur de l'édifice.

(1) Le pied-droit, dans le plan de la cour de la Halle, correspondant à la colonne astronomique, est beaucoup plus large que les autres. Pour vaincre cette difficulté, je donne six pieds de largeur au pilastre de cette partie, et je fais un avant-corps de six pouces de saillie, pour régulariser les alettes des arcades, de chacun des côtés de ce pilastre plus fort.

(2) Les pilastres, soutiens de la nouvelle coupole, seroient construits en pierre de roche.

(3) L'architrave et la frise, seroient en pierre de Saillancourt ; la corniche appareillée en coupe, et de morceaux de forts échantillons, seroit en pierre de Torcy, ainsi que le socle. La voûte, en totalité, en pierre de Vergelé.

Je n'ai point hésité à donner au plan des pilastres de ma coupole, une figure parallélogramme, quoique soumis à une ordonnance régulière dorique ; l'épaisseur nécessaire à la solidité de la voûte a exigé cette mesure ; les pieds-droits des arcades de la Halle sur la cour s'opposoient à ce que le plan des pilastres fût un carré. Le plan général circulaire sur lequel sont plantés les supports de la nouvelle coupole, permet, d'après les effets de l'*Optique*, de donner aux piliers la forme parallélogramme ; et cela, d'antant plus, qu'ils sont en contact avec la façade de la cour de la Halle, comme ils devoient l'être. Dans le cas où ils eussent pu être isolés des murs, ou s'ils se fussent érigés sur un plan droit, la figure parallélogramme des piliers eût été une licence.

Les fondemens de ces piliers dont je dois rendre compte, sous le rapport des tassemens à redouter, quoiqu'ils ne doivent avoir aucune liaison avec les anciennes constructions, ont dû fixer toute mon attention, et voici comment j'obvie aux effets des tassemens.

Chaque pilier a pour fondement une chaîne de pierre de taille, *libages*, du plus haut appareil, vingt-quatre pouces, établie sur le même niveau des fondemens de l'édifice ; et ayant douze pouces d'empattemens sur trois sens, sous les socles qui chaussent les piliers.

Des arcs renversés, construits en même espèce de pierre, et de forts échantillons, lieroient les premières assises de chaînes et les contreventeroient ; des arcs droits en uniroient les dernières assises ; et de la sorte, toutes les chaînes auroient des liens communs, et les fondemens obtiendroient une immobilité absolue.

L'épaisseur de quatre pieds huit pouces que je donne à la naissance de la coupole, est évidemment plus foible que celle des voûtes sphériques des édifices de l'antiquité que j'ai cités comme modèles. En effet, cette épaisseur est dans le rapport, seulement, d'un à *vingt-quatre*, avec son diamètre de cent onze pieds, tandis que l'épaisseur de la voûte de la Rotonde est dans le rapport d'un à *treize* $+ \frac{1}{2}$!

La réduction que je fais ici, est fondée sur ce que cette coupole seroit construite en pierre de taille, tandis que celle de la Rotonde à Rome, est en brique. Je puis donc dire que, dans toutes les proportions que j'établis pour l'ordonnance et la construction de la coupole de la Halle au blé, je suis observateur religieux des principes que renferment mes réflexions générales ( du 8 mars 1806 ), par lesquelles j'ai commencé l'examen des différens projets soumis aujourd'hui aux délibérations de la Commission.

Je vais faire le parallèle des dessins de la coupole de M. Rondelet et de celle que j'ai composée, considérées seulement dans les épaisseurs particulières de l'une et l'autre voûte. Ce rapprochement fixera d'autant plus les idées sur les proportions qu'exige une voûte sphérique, d'un module aussi grand que celle qu'il s'agit de construire.

La coupole de M. Rondelet a cent vingt pieds de diamètre ; l'épaisseur, à sa naissance, est vingt-huit pouces ; à son sommet, quatorze pouces ; elle s'érige à nud sur la demi-épaisseur des murs anciens de l'édifice ; et le rapport, entre le diamètre de cette voûte et l'épaisseur de ses premiers voussoirs, est d'*un* à *cinquante-un* (1).

La coupole, selon mes plans, a cent onze pieds quatre pouces ; elle est fortifiée, à son origine, par le mur de l'attique qui s'unit

(1) Mémoire sur la reconstruction de la     fig. 1 et 2.
coupole de la Halle au blé de Paris, pl. I,      Paris, an XII. — 1803.

avec elle, jusqu'au tiers de son axe ; et son épaisseur, fixéc à quatre pieds huit pouces, la met dans le rapport déja connu, d'*un* à *vingt-quatre*.

Il est à remarquer que l'épaisseur la plus foible qu'ait cette voûte à son sommet, vingt-huit pouces, est la plus forte qu'ait la voûte précédente, quoique de cent vingt pieds de diamètre (1).

Je suis d'autant plus fondé à tracer les proportions de la coupole de la Halle au blé, telles que mes dessins gravés les offrent, et telles que je viens de les décrire, que ces proportions sont semblables à celles que j'ai données à la coupole du Mont-de-Piété, construite il y a vingt ans ; édifice dans lequel il ne s'est manifesté aucun signe de foiblesse, ni de désunion. La similitude dans l'espèce de cette même voûte avec celle de la Halle au blé, me détermine à en donner la description. Plusieurs membres de cette Assemblée connoissent le grand établissement du Mont-de-Piété ; ils jugeront de l'à-propos de la citation.

La salle de vente du Mont-de-Piété (2), dont le plan est circu-

---

(1) Les plans, les coupes et les élévations de l'une et l'autre coupole sont dans les mains du public, produites par la gravure, et accompagnés de discours explicatifs. Les architectes, les artistes, les hommes instruits et amateurs des beaux-arts, jugeront de l'application que j'ai faite dans cette composition, des principes de l'ancienne école, qui sont mes guides ; de l'application de ceux de la nouvelle école, qui font la règle des opérations de M. Rondelet ; ils prononceront d'après les résultats, laquelle des deux doctrines est la plus orthodoxe.

(2) Les plans, les élévations et les coupes de cette salle sont gravés et publiés depuis longtems.

Ces planches font suite avec celles de toutes les grandes parties des bâtimens du Mont-de-Piété, que j'ai construites sur la rue de Paradis. Les premiers bâtimens, sur la rue des Blancs – Manteaux, étoient érigés avant 1781, époque où je devins architecte de cet établissement.

laire, a vingt-huit pieds de diamètre ; sa hauteur [illegible]
intérieur est de trente-trois pieds onze pouces. La voûte [illegible]
construite en pierre de Conflans, a dix-sept pouces [illegible]
sa naissance où elle s'unit à l'attique qui lui est circ[illegible]
dont le plan extérieur est un carré parfait ; cette voûte [illegible]
à huit pouces à son sommet ; de ces dimensions résulte entre le
diamètre et l'épaisseur de la voûte, le rapport [illegible]

Je devois prouver à l'Assemblée, par une composition appropriée
à l'édifice de la Halle au blé, si je serois fidèle observateur des
principes sur lesquels reposent les dissertations diverses auxquelles
je me suis livré, depuis l'origine de cette affaire, pour déterminer
la mesure des forces nécessaires à la solidité d'une coupole en pierre
de taille, de cent vingt pieds de diamètre.

# CONCLUSION (1).

L'UTILITÉ d'une coupole pour couvrir la cour de la Halle au blé,
est généralement reconnue aujourd'hui. L'impossibilité d'en ériger
une sur les murs existans de l'édifice, sans une addition de parties
au premier plan, est une vérité complètement démontrée. Une construction en pierre de taille est la seule à laquelle il faille se fixer,
ainsi que cela a été décidé dans les séances précédentes.

LA Commission va prononcer dans ce moment un avis qui sera
un acte solennel, authentique de la pureté de sa doctrine en construction. La juste célébrité dont jouissent encore les architectes français
chez toutes les nations éclairées, dépend de la rigoureuse observation

(1) Séance du 26 février 1807, dans la-     S. Ex. le Ministre de l'intérieur.
quelle la Commission a fait son rapport à

de cette même doctrine, sur-tout dans une circonstance majeure comme est celle-ci. Nous nous devons tous à nous-mêmes, à la société, d'opposer une digue puissante contre les débordemens des innovations et du mauvais goût qui dominent l'architecture et la détruisent si activement.

L'avis de la Commission va consacrer d'une manière éclatante, les vrais, les grands principes de l'art de bâtir; cet avis fera époque dans l'histoire de l'architecture du tems où nous vivons; cet avis deviendra un motif d'émulation pour les architectes de rappeler, dans la construction des édifices publics, les principes des anciens; cet avis, enfin, peut répandre des germes heureux de compositions sages et robustes.

Mais, avant de terminer mon travail sur les moyens principaux et particuliers pour l'ordonnance et la solidité de la nouvelle coupole de la Halle au blé; après avoir décrit les conditions qui sont de rigueur à remplir dans cette importante opération, il me reste à offrir à la Commission l'apperçu de la dépense que doit occasionner la construction des piliers, selon le plan que j'en ai tracé.

Les fondemens, les piliers, l'entablement, tels qu'ils sont décrits, ces constructions additionnelles coûteroient la somme de deux cent cinquante-huit mille deux cent quarante francs; et cette somme ajoutée à celle principale de la coupole en pierre, évaluée six cent soixante-un mille sept cent soixante francs, par la Commission, produit un total de neuf cent douze mille francs, non compris la couverture en plomb, estimée cent cinquante mille francs.

Arrivé aujourd'hui au terme qui m'étoit prescrit par mes fonctions, dans cette honorable Assemblée; je puis dire m'être pénétré, dans le cours de mes discussions pour les rendre dignes de l'attention de tous ses membres, de l'axiome:

*Que la rectitude des jugemens est incontestable, si les principes qui en sont la base, sont vrais.*

La Commission a reconnu dans les jugemens que j'ai portés sur les différens projets de coupoles pour la Halle au blé, que j'ai constamment invoqué les principes établis par les anciens, déposés dans les chefs-d'œuvre qu'ils ont créés et dont nous jouissons après vingt siècles écoulés ; principes adoptés et suivis avec le plus grand succès, par tous nos grands maîtres, dans leurs édifices, depuis le renouvellement des arts.

Si je me suis élevé contre les nouvelles doctrines survennes dans l'art de bâtir, depuis cinquante ans, je l'ai fait dans l'intime conviction où je suis :

« Que chercher à faire autrement que ceux qui ont bien fait ;
« et les anciens seuls, et les modernes qui ont suivi leurs traces,
« peuvent être cités ; c'est risquer de mal faire ; prétention qui a
« toujours été la source de l'erreur en tout genre. »

*La*

<br>

*La Commission chargée d'examiner les Projets proposés*
*pour recouvrir la Halle aux grains,*

## A SON EXCELLENCE

# LE MINISTRE DE L'INTÉRIEUR.

Monseigneur,

La Commission vient soumettre à Votre Excellence le résultat de son travail et de ses recherches.

Dès le principe de sa mission, elle avoit pensé que de tous les projets présentés pour recouvrir la Halle aux grains, le plus convenable que l'on pût adopter, étoit celui d'une voûte en pierre, en supposant que l'exécution en fût possible.

D'après cette notion généralement reçue, et conforme au vœu manifesté par Votre Excellence, il s'agissoit de savoir si les moyens proposés par plusieurs architectes, pour asseoir une coupole en pierre sur le mur intérieur de l'édifice étoient suffisans, et, pour y parvenir, il falloit d'abord constater,

1°. Si les fondations des piliers avoient été bien faites ;

2°. Si ces piliers, en raison de leur volume et des élémens qui les composent, étoient en état de recevoir la coupole proposée.

V

Il falloit même davantage, Monseigneur, pour rassurer entièrement la Commission, car le tems, par son action lente, continuelle, inexorable, par cette action imperceptible qui détruit les êtres et les choses, devoit, en agissant sans cesse sur les parties inférieures et portantes, les dépouiller peu-à-peu de leur énergie, et par-là même ajouter à leur charge ; son action devoit donc être prévue et comptée, et ne permettoit pas de livrer la coupole à des piliers qui n'auroient eu que la force nécessaire pour la porter.

Enfin, Monseigneur, l'état des autres parties de l'édifice pouvoit être tel, qu'il ne fût pas prudent, même en admettant que les piliers eussent au-delà de la force nécessaire, de faire porter sur eux le poids d'une voûte de cent vingt pieds de diamètre, dont les effets et la poussée, quelque foibles qu'on les suppose, pouvoient avoir des conséquences inquiétantes pour la durée du monument.

C'est d'après ces vues et dans cet esprit, que la Commission s'est occupée de l'examen confié à son zèle. Voici maintenant le résultat de ses opérations.

Les fouilles pratiquées au pied de deux piliers, l'un intérieur, l'autre extérieur de la Halle, pour en apprécier et reconnoître les fondations, ont prouvé qu'en général elles ont été faites avec soin, et qu'elles étoient suffisamment bonnes pour le fardeau qui repose aujourd'hui sur elles.

Les expériences faites au Panthéon français, pour constater le degré de résistance des différentes sortes de pierres, ont paru conformes aux évaluations données par M. Rondelet, l'un des architectes concurrens, et d'après lesquelles il a conclu la possibilité d'exécuter, sur les piliers intérieurs de l'édifice, le projet de coupole en pierre dont il est l'auteur.

A ne consulter que ces annotations préliminaires, rien ne sembleroit effectivement plus facile ; mais en approfondissant cette importante question, en envisageant avec attention l'état des différentes parties de l'édifice, la Commission ne pense pas, Monseigneur, qu'il soit possible d'ériger une voûte en pierre sur les piliers actuels.

Elle ne le pense point, parce que les dispositions qu'elle a remarquées aux voûtes du rez-de-chaussée et du premier étage, annoncent un travail et des mouvemens qui continuent encore, et qu'accroîtroient infailliblement le poids et la poussée de la coupole immense dont il s'agit.

Elle ne le pense point, parce que la résistance assignée aux piliers, d'après les expériences faites sur les pierres, ne présente point ce surcroît rassurant, cette latitude de force qui, dans un édifice de cette grandeur, est indispensablement nécessaire, soit pour contrebalancer les imperfections et les vices qui s'introduisent dans la construction, soit pour rassurer contre les dégradations causées par l'inclémence des saisons et par le tems, soit enfin pour compenser les déchets dont peuvent être susceptibles les expériences d'après lesquelles on a évalué la force des piliers.

Ces motifs, Monseigneur, sont déterminans; d'autres observations y ajoutent encore.

L'enclavement des voussoirs des arcades, dans le corps des piliers, en diminuant l'intensité de la résistance, en la bornant presque au seul noyau de la masse portante, c'est-à-dire à la partie de cette masse qui est indépendante des voussoirs, doit ôter aux piliers une bonne partie de la force qui leur avoit été comptée et qu'ils devroient naturellement avoir d'après le volume et le front qu'ils présentent.

D'autre part, la Commission n'a aucune donnée certaine sur la construction intérieure des piliers; il peut donc se faire que suffisamment bonne pour leur charge actuelle, elle ne le soit pas pour le fardeau énorme que l'on propose d'y ajouter. Dans cette dernière supposition, leur état intérieur seroit analogue à celui des fondations sur lesquelles ils sont assis, et dont la construction, rassurante pour le poids qu'elles portent, eût nécessité dans l'hypothèse d'une surcharge aussi forte que celle proposée, des précautions plus grandes, une main-d'œuvre plus soignée et sur-tout l'introduction de chaînes en pierre sous les piliers.

Ces différentes considérations, Monseigneur, ne permettent pas de penser qu'il soit convenable d'ériger la coupole projetée par M. Rondelet, sur le mur intérieur et circulaire de la Halle ; et l'on en peut dire autant de celles proposées par MM. Gilbert, Duvault, Mangin, ainsi que de toute autre voûte en pierre, de quelque manière qu'elle fût allégie et combinée ; les inconvéniens très-graves qu'une telle opération comporte, étant inhérens et communs à tous les projets de même nature.

Celui même de M. Molinos, quoique présentant au-devant des piliers une addition de colonnes sur lesquelles reposeroit une partie du poids de la voûte, ne paroît pas offrir des moyens capables de rassurer sur ce même poids augmenté encore par celui d'un accotement très-élevé, beaucoup plus pesant que la voûte elle-même, et qui reposeroit sur les nouveaux points d'appui, et sur les anciens piliers.

Pour remédier à l'insuffisance des piliers existans, on ne proposera point d'y incorporer des constructions nouvelles ; ce mélange incohérent seroit contraire à la bonne manière de bâtir ; il feroit craindre que la coupole assise sur un tout composé de parties édifiées à différentes époques et diversement soignées dans leur construction, n'éprouvât, par l'inégalité de la résistance de ses parties, des tassemens inégaux, des mouvemens destructeurs capables de l'ébranler et d'en accélérer le dépérissement.

La Commission, Monseigneur, instruite par des exemples frappans, ne peut s'attacher qu'à des moyens dont le succès, garanti par une longue et constante expérience, ne laisse rien au hasard. C'est ainsi qu'elle répondra dignement à votre confiance, qu'elle maintiendra l'application des bons systêmes et la gloire de l'art.

En partant de ce principe, il paroîtroit convenable de faire porter tout le poids de la coupole par vingt-cinq piliers, construits en pierre dure, depuis la fondation jusqu'au sommet, et correspondans aux piliers actuels. Ces nouveaux points d'appui seroient absolument indépendans des piliers existans, dont toute la fonction, relativement à la voûte, se borneroit à recevoir et à porter les supports et accotemens au moyen desquels elle seroit mieux empattée et consolidée.

Par ce nouveau système, on isole la voûte des anciennes constructions jusqu'à la hauteur de l'entablement ; on diminue considérablement la poussée, et l'on s'oppose, autant que la prudence peut le permettre, à l'accroissement des effets que les disjonctions des voûtes et celles des arcades extérieures ont tant fait appréhender.

Cette disposition, outre l'avantage d'épargner aux piliers portans toute charge étrangère à celle de la voûte, auroit encore celui de nécessiter une réduction dans le diamètre de la coupole, et conséquemment d'en diminuer le poids.

Il est vrai, Monseigneur, que la grande cour circulaire de la Halle en seroit un peu diminuée, mais comme le périmètre de cette cour forme une circonférence d'environ trois cents quatre-vingt pieds, il est sensible qu'une réduction d'environ un vingtième sur sa surface, lui laisseroit encore une grandeur suffisante pour les besoins du service.

La Commission n'ayant en ce moment aucun projet arrété, d'après cette nouvelle idée, il lui seroit difficile de présenter à Votre Excellence une estimation exacte de la dépense qu'elle peut exiger ; mais, d'après les détails qui ont été donnés par plusieurs de ses membres, et les rapprochemens qui ont été faits, on est fondé à croire que la construction des nouveaux points d'appui augmenteroit de deux cent cinquante mille francs la dépense qu'eût occasionnée l'exécution du premier projet.

Ainsi en supposant que celle de deux cent soixante-deux mille francs, établie par M. Rondelet, à une époque où la main-d'œuvre et les matériaux étoient de beaucoup moins chers, doive s'élever aujourd'hui à quatre cents mille francs, on peut raisonnablement présumer que la nouvelle coupole en coûteroit au moins six cent cinquante mille.

M. Rondelet n'ayant proposé, dans son projet, qu'une couverture en tuiles vernissées, laquelle n'est point jugée convenable pour la conservation de la voûte, la Commission estime qu'il seroit nécessaire d'y substituer une couverture en plomb. Dans ce dernier cas, la dépense qui vient d'être indiquée, seroit augmentée d'une somme de cent cinquante mille francs , applicable aux deux projets.

LA Commission a ensuite examiné la proposition faite par M. Peyre, architecte, et président du Conseil des bâtimens civils , d'élever une coupole sur les piliers actuels , en employant à sa construction des scories provenant des volcans éteints du Vivarais et de l'Auvergne ; mais après avoir discuté cette proposition et avoir apprécié, autant qu'il lui étoit possible de le faire, les avantages qui pourroient résulter de l'emploi de ces détrimens , la Commission n'a pas jugé que ces avantages fussent assez constatés, ni assez grands pour rassurer sur les effets auxquels une telle construction exposeroit le monument. En conséquence elle n'a pas jugé qu'il fût convenable d'adopter le moyen proposé par M. Peyre.

TELS sont, Monseigneur , les principaux motifs d'après lesquels la Commission, à la majorité de dix voix contre deux, a été d'avis,

1°. Qu'UNE coupole en pierre , même avec tous les allégemens dont sa construction est susceptible, ne peut avec sécurité être exécutée sur les piliers actuels , ni avoir une durée convenable à un monument public ;

2°. QUE le moyen qu'elle juge être le meilleur pour couvrir la Halle en pierre, d'une manière sûre et durable, seroit d'ériger cette coupole sur vingt-cinq points d'appui en pierre dure, entièrement isolés et indépendans des piliers actuels.

LA Commission , Monseigneur , en vous faisant hommage de son travail, vous prie de lui permettre d'y joindre les expressions de son dévouement et de son respect.

*Signé*, CHALGRIN , GONDOIN, Ch.-F. VIEL, BECQUEY-DE-BEAUPRÉ , PETIT-RADEL , BRONGNIART , MOUCHELET, BEAUMONT, NORRY, PEYRE , RAYMOND, MONGE, *présid.*, MERMET, *secr.*

Pour copie conforme ,

MERMET, *secrétaire de la Commission.*

## Des Coupoles en fer.

*Réflexions sur cette espèce de voûtes , proposée pour couvrir la Halle (1).*

Le Ministre demande à la Commission un avis sur la construction d'une coupole en fer pour couvrir la cour de la Halle au blé ; cinq projets différens de cette nature ont été adressés au Gouvernement. Desireux de concourir , autant que je le puis , aux travaux de l'Assemblée relatifs à ce genre de construction , je viens lui présenter, dans cette première séance , des réflexions et sur l'édifice lui-même et sur les projets de coupoles en fer qui sont sous nos yeux.

Je considère d'abord si un mur de quatre pieds huit pouces d'épaisseur, de quarante pieds de hauteur , ouvert de vingt-quatre grandes baies au rez-de-chaussée, ouvert d'un même nombre de baies inscrites dans des arrière-voussures au premier étage ; ce mur dont le plan circulaire a cent vingt pieds de diamètre , peut recevoir une voûte sphérique construite en fer.

J'observe de nouveau que le mur de la Halle sur la cour est tout-à-fait dépendant des voûtes des portiques et de celle annulaire des greniers qu'il porte , et lié par elles aux murs de face sur la rue ; et ces données accroissent les difficultés pour l'établissement d'une voûte , quoique faite en fer. Cet obstacle est invincible sans des changemens considérables à faire dans les anciennes constructions de la Halle au blé.

(1) Première séance, sur les coupoles   en fer, tenue le 25 mars 1807.

ENSUITE, si je passe à l'examen des divers projets de coupoles en fer, aucune n'offre les proportions générales d'égalité entre les dimensions du diamètre et la hauteur ; aucune ne remplit les conditions nécessaires de solidité dans leur composition ; toutes manquent d'une enrayure qui en lie les différentes fermes ; et celle de M. Rondelet a de particulier de s'ériger sur un simple mur de onze pieds de hauteur, qui fait partie de la voûte, et n'a, comme elle, que dix-huit pouces d'épaisseur.

JE conclus que les murs de la Halle, dans leur état actuel, ne peuvent porter une coupole en fer, sans se livrer, avant tout, à des travaux importans dans le corps de l'édifice existant ; ces mêmes murs ne peuvent recevoir la surcharge d'un socle élevé, qui seroit indispensable pour obtenir les rapports voulus, pour l'ordonnance, dans la hauteur de la coupole. Je pense d'ailleurs qu'il n'est aucun des projets sur lesquels la Commission va prononcer, qui soit exécutable.

## De l'emploi du Fer dans la construction des voûtes (1).

LES projets de coupoles en fer pour couvrir la Halle ont été admis au concours, dans l'hypothèse que, par leur nature, ils seroient d'une grande économie sur ceux proposés en pierre ; mais cet avantage est impossible à obtenir dans l'état connu des constructions de l'édifice, et tout à-la-fois par la nouveauté de l'emploi du fer pour une voûte sphérique de cent vingt pieds de diamètre, et par le poids et le prix de la matière. D'ailleurs, l'extraordinaire de cette construction qui est sans exemple, car les arches de nos ponts en

---

(1) Séance du 20 juillet 1807. Cette séance a été la seconde sur les coupoles en fer.

fer,

fer, qui ne consistent que dans de simples segmens de cercle, ne sont point comparables, sous le rapport de la main-d'œuvre, avec celle de la voûte proposée; cette cause particulière ne permet point d'établir des états approximatifs satisfaisans de la dépense qu'une telle voûte doit occasionner.

Il en est autrement des constructions en pierre; les parties constituantes, les voussoirs, sont peu compliquées, la main-d'œuvre est connue et facile à apprécier. Aussi, d'après le système général déterminé par la Commission, pour une coupole en pierre, l'état estimatif des sommes qu'une voûte de cette nature devoit employer, a-t-il pu être dressé avec assez d'exactitude.

Cependant, malgré les difficultés réelles pour estimer à l'avance la dépense d'une voûte en fer, la Commission, dès ses premiers travaux sur les projets de cette nature, a tracé tous les changemens à faire dans les plans proposés; et sur ces bases, elle a donné les élémens d'un devis qui s'élève à la somme de six cents mille francs, quoique l'intérieur de la voûte ne doive pas être revêtu, et que les fermes restent apparentes. Mais cette somme applicable à la coupole elle seule, et nullement aux travaux très-importans et indispensables à faire à l'édifice, d'après son état connu pour le conforter, ne peut être regardée que comme un apperçu éloigné de la dépense effective que doit occasionner l'exécution de tous les travaux divers auxquels il faudra se livrer. Au contraire, la somme de huit cents mille francs présentée à S. Exc. le Ministre, par la Commission, pour une voûte en pierre, y compris sa couverture en plomb, approche bien davantage du terme cherché. Si l'on réfléchit que la différence de deux cents mille francs que l'une paroît devoir coûter moins que l'autre, n'a lieu que parce que la voûte en fer offrira dans son intérieur le triste aspect de ses assemblages, dont on jugera bientôt, et après coup, la nécessité du revêtissement pour les dérober à la vue;

X

alors les dépenses en seront aussi fortes que l'eût été une coupole en pierre ; mais quelle différence dans les résultats, sous les rapports des convenances, et aussi pour la durée de l'édifice.

JE dis que les monumens que le Chef immortel de l'Empire a ordonné et qu'il ordonnera d'ériger, doivent tous être construits avec une solidité complète. Or, l'on ne peut remplir cette condition, dans la construction d'une coupole en fer, à la Halle au blé ; car fût-elle le plus fortement constituée en elle-même, dans ce cas, elle resteroit, par la nature de la matière, exposée à des chances diverses de destruction.

EN effet, interrogeons l'histoire de l'art sur les constructions en métal, elle nous apprend que c'est à l'époque où l'architecture étoit dégénérée chez les Romains, que cette nature de voûtes parut dans leurs grands édifices. Une des plus remarquables en ce genre, est celle des Thermes de Caracalla, au IIIe. siècle ; cette voûte avoit soixante-douze pieds de diamètre, sa longueur, cent soixante-dix pieds ; et peu de siècles après son origine, elle n'existoit plus, tandis que les voûtes en pierre de monumens beaucoup plus anciens subsistent encore, et verront plusieurs générations se succéder. La nature des choses le veut ainsi.

QUE l'on y réfléchisse ; n'est-il pas dans la destinée des peuples, d'être déchirés par des révolutions périodiques, toujours trop peu distantes entre elles ? Or, c'est à ces époques de désordres et de destructions, que tout métal, quelque forme qu'il ait, et partout où il se trouve employé, est saisi, jeté en fusion pour être converti en des formes nouvelles et à des usages tout différens. Le fer, le cuivre sont soumis, dans ces tems de convulsions publiques, à des changemens d'autant plus rapides, qu'à la facilité de s'en emparer, se joignent des motifs politiques pour en dénaturer les premières destinations.

Ainsi, tout édifice où le fer abonde dans ses constructions, réunit deux principes de destruction ; celui de son propre mécanisme, et celui des révolutions qui agitent les Empires. L'on peut dire à ce sujet, d'après l'expérience du passé, que si le Panthéon français, qualifié d'*architecture serrurière*, à cause de l'immense quantité de fer, et sans exemple, employée dans toutes les grandes parties supérieures de l'édifice ; l'on peut dire que le Panthéon, sans sa destination nouvelle et analogue aux circonstances, qu'il obtint dès les premières années de la révolution, n'existeroit plus ; ses armatures nombreuses, ses grils, ses charpentes de fer eussent été converties en armes pour la défense de la cause de la liberté.

L'importante considération des causes particulières de ruine auxquelles les constructions en fer sont soumises, indépendamment de tous les inconvéniens contre la solidité qu'elles entraînent, seroit seule capable d'en faire proscrire l'emploi dans nos édifices publics. Conséquemment, sous tous les rapports, il importe de ne point offrir l'exemple d'une coupole, à la Halle au blé, qui seroit toute entière construite en fer ; exemple contagieux qui pourroit se répandre dans nos plus grands et nos plus intéressans monumens publics.

## Des Constructions supérieures de la Halle au blé.

### Conclusion contre les Coupoles en fer (1).

Les recherches nouvelles que j'ai faites, exigent que je communique à la Commission ce qu'elles m'ont appris sur l'état extraordinaire de la construction de la voûte annulaire de la Halle au blé, précisément dans le plan où la coupole en fer doit s'ériger.

(1) Séance du 3 août 1807.

X 2

A l'époque du 20 janvier dernier ( 1807 ) , je levai le plan de la voûte des greniers au-dessus de la corniche , où il existe dans le pourtour du plan , à chaque travée , deux petits arcs enclavés dans les parties de la voûte construites en pierre de taille ; mais il me fut impossible alors de connoître la position exacte de ces arcs. Aujourd'hui , les dessins gravés de ces mêmes parties que j'ai recueillis , m'ont instruit sur ce point essentiel des constructions supérieures (1). Ces coupes , absolument fidèles , découvrent un vice capital dans la structure de la grande voûte annulaire , par la pénétration des petits arcs dans les reins mêmes des chaînes en pierre qui en constituent toute la force.

Une telle construction devient un grand obstacle contre l'érection de toute coupole qui exigera la démolition de ces arcs ; et l'établissement d'une voûte en fer ne peut avoir lieu sans leur suppression. En effet , les bases d'une pareille mécanique consistent dans une enrayure sur laquelle la distribution des formes est obligée d'être dans les axes de ces chaînes de la grande voûte annulaire qui construisent ces mêmes arcs , ils ne peuvent donc être conservés ; de là , accroissement considérable de travaux , conséquemment , addition très-importante dans les dépenses accessoires et autres que celles présumées pour la coupole en fer , qui , sans aucuns revêtissemens intérieurs , est de la somme de six cents mille francs ; de plus , cette sorte de travaux dans les reins des voûtes sera d'une exécution longue , difficile. Ainsi , la célérité que l'on se flattoit d'obtenir avec

(1) J'ai mis ces figures sur le bureau. La Commission les a examinées avec la plus sérieuse attention ; elle a chargé l'un de ses membres d'en vérifier l'exactitude. Cette circonstance a occasionné de nouvelles visites à la Halle , de tous les membres réunis , pour juger définitivement du véritable état des constructions de cette partie de l'édifice.

La planche gravée , fig. n°. 2 , offre ces coupes.

une construction en fer, disparoît. Telles sont les observations nouvelles que je devois présenter à l'Assemblée.

L'examen approfondi auquel la Commission s'est livrée, depuis dix mois entiers, pour acquérir une connoissance parfaite des constructions de la Halle au blé, à compter de ses fondemens jusqu'au sommet de l'édifice; ses recherches étendues lui ont découvert tous les obstacles qui existent contre l'érection d'une coupole sur un édifice qui n'avoit point été conçu, dès son origine, pour en recevoir une.

Je me crois donc d'autant plus fondé à avancer que la prudence commande de ne rien changer dans l'état actuel des constructions de la Halle au blé, ce qu'exigeroit nécessairement l'érection d'une coupole en fer; donc tout concourt à faire rejeter ce genre de construction parasite.

# AVIS DE LA COMMISSION

## SUR LA COUPOLE EN FER.

Ouï le Rapport : la Commission partage l'opinion de M. le Rapporteur (1), concluant à la possibilité de couvrir la Halle au blé au moyen d'une coupole en fer ; possibilité reconnue d'après les développemens consignés dans son Rapport et qui ne lui laissent rien à desirer.

La Commission pense aussi avec M. le Rapporteur, que cette construction considérée en elle-même, et abstraction faite de l'état du bâtiment dont il sera parlé ci-après, peut avoir lieu pour la somme de six cents mille francs, sans aucun revêtissement, et les fers devant rester apparens ; mais elle observe que cette opération qui sort des règles ordinaires, ne peut être confiée qu'à des mains expérimentées.

Au surplus, la Commission croit qu'il est de son devoir d'informer le Ministre, que les derniers examens qu'elle a faits de l'état du bâtiment, particulièrement des portiques et des greniers, lui ont fait reconnoître que les voûtes, depuis longtems, tendent à se détériorer ; que leur construction est défectueuse en principe, et qu'il faut s'attendre à la nécessité de prendre des moyens pour empêcher les progrès des mouvemens qui ont eu lieu, et qui continuent encore.

*Signé*, Monge, Heurtier, Chalgrin, Petre, Ch.-F. Viel, Becquey-de-Beaupré, Brongniart, Beaumont, Petit-Radel, Raymond, Garrez, Norry, Mermet, *secrét.*

Pour copie conforme,

Mermet, *secrétaire de la Commission.*

Paris, le 20 août 1807.

(1) M. Becquey-de-Beaupré.

## Procès-verbaux de la reconnoissance des fondations de la Halle.

L'AN 1807, le 4 janvier, à midi précis, se sont réunis à la Halle au blé, les membres ci-après désignés de la Commission nommée par S. Exc. le Ministre de l'intérieur, à l'effet d'examiner les projets de coupole pour ladite Halle, savoir :

MM. Monge, *sénateur, président de la Commission.*
Peyre,
Chalgrin,
Raymond,
Viel,

MM. Beaumont,
Mouchelet,
Petit-Radel,
Mermet, *secrétaire du Conseil et de ladite Commission.*

LESQUELS se sont assemblés extraordinairement au lieu ci-dessus indiqué, sur l'invitation de S. Exc. le Ministre de l'intérieur, pour visiter la partie de fondation de la Halle au blé, qui, d'après les ordres de M. le Conseiller d'État, Préfet du département, a été mise à découvert au-devant du pied-droit n°. 10 du mur intérieur du monument.

LESDITS membres, conduits par M. Molinos, architecte de la Ville, au lieu de la fouille, où s'est trouvé M. Rondelet, architecte du Panthéon, ont reconnu que ladite fouille avoit été faite à une profondeur de 5,68, dont 3,90 dans une masse de gravois rapportés, et le surplus dans un banc de sable fin et terreux ; que les fondations avoient été assises sur un sable graveleux, et que le banc de gros sable étoit à 0,50 environ au-dessous de ce banc de sable graveleux ; qu'il avoit été établi sur le sol un cours général de libage, de 0,41 d'épaisseur ; que sur ce cours de libage, les fondations avoient été élevées à la hauteur de 4,22 en moellon de meulière hourdé en mortier de chaux et sable ; que sur ce limousinage en meulière et mortier de chaux et sable, il avoit été placé un cours général de libage,

qui diffère dans sa hauteur depuis 0,41 jusqu'à 0,35 ; que les assises de
la retraite des pieds-droits des arcades étoient enterrées par le pavé de 0,49.

Il a été remarqué, par l'un des membres de la Commission, plusieurs
chambres ou intervalles dans le limousinage en moéllon de meulière et mortier
de chaux et sable, dans lesquelles chambres il a introduit une mesure jusqu'à
la profondeur de 0,30 à 0,32.

La Commission a ensuite visité les voûtes du rez-de-chaussée de la Halle,
où elle a vu des lézardes continuées, des disjonctions et des fractures, et
a reconnu que la voûte du premier étage avoit été restaurée en l'an 8, en
reliant toutes les chaînes en pierre avec la brique au moyen d'une reconstruction de parties en briques, ainsi que l'avoit annoncé l'architecte de la
ville, qui a de plus fait observer que les claveaux et clefs de toutes les
voussures des croisées de cet étage pratiquées dans le mur extérieur de la
Halle, avoient, par le fait de l'écartement du mur, descendu depuis 8 jusqu'à
12 et 14 ; que ces clefs et claveaux avoient été relevés, fichés, coulés et
retenus par des linteaux en fer, et qu'en outre, pour éviter un nouvel effet,
il avoit été pratiqué au-dessus de ces voussures, des ogives en pierre avec
un remplissage en briques, comme le surplus de la voûte.

Dans cette visite, la Commission a eu lieu de reconnoître aussi divers
effets dans les deux escaliers de la Halle, à la suite de quoi elle a visité
le mur extérieur, où elle a reconnu des fractures et disjonctions tant aux
claveaux et clefs des arcades qu'aux soubassemens des croisées du premier
étage, qui n'ont, depuis leur construction, subi aucune restauration. Elle a
remarqué à l'entablement qui a été restauré, et aux plates-bandes des croisées
du premier étage, qu'il y en avoit qui, depuis leur restauration en l'an 8,
avoient éprouvé de nouveaux mouvemens. L'architecte de la Ville a fait
observer dans le cours de cette visite, qu'il avoit constaté par des à-plombs
l'état du mur, et qu'il en résultoit qu'il étoit en surplomb depuis 0,02 jus
qu'à 0,095 ; et qu'il avoit fait établir sur chaque pied-droit des tasseaux
en plâtre qui donnoient le surplomb de chacun d'eux.

La Commission réunie dans le bureau de la Halle a décidé sur la proposition

position de deux de ses membres, 1°. qu'il seroit fait une nouvelle fouille
au pied-droit du mur extérieur n°. 18 : ce pied-droit offrant un double
motif à une telle détermination, en ce que, d'abord, il avoit 0,075$^m$. de
surplomb, et qu'en suite il a éprouvé des effets nouveaux dans la partie
de l'entablement qui a été restaurée en l'an 8 ; 2°. qu'il seroit fait une
autre fouille sous les galeries pour connoître si dans les fondations le mur
de face extérieur n'étoit pas lié avec celui de face intérieur par des murs
transversaux et sur lesquels seroient érigées les colonnes isolées qui reçoivent
la retombée des voûtes d'arête; et sur l'assurance que l'architecte de la Ville
a donnée que ces fouilles seroient terminées dans la huitaine, la Commission
s'est ajournée au dimanche suivant, 11 janvier, pour examiner les nouvelles
fouilles, et a signé.

---

L'an 1807, le 11 janvier, à midi précis, se sont réunis à la Halle au
blé, les membres de la Commission nommée par S. Exc. le Ministre de
l'intérieur, à l'effet d'examiner les projets de coupole proposés pour couvrir
la cour de ladite Halle, savoir :

MM. Monge, *sénateur, président*
    *de la Commission.*
      Peyre,
      Chalgrin,
      Raymond,
      Viel,

MM. Beaumont,
    Becquey-de-Beaupré,
    Mouchelet,
    Petit-Radel,
    Mermet, *secrétaire du Conseil*
       *et de ladite Commission.*

Lesquels se sont assemblés, ainsi qu'il avoit été convenu dans la visite
du 4 courant, pour visiter l'état des fondations du mur extérieur de la
Halle, lesquelles ont été mises à découvert au-devant du pied-droit n°. 18.

Lesdits membres, conduits par M. Molinos, architecte de la ville, au
lieu de la fouille, où s'est trouvé M. Rondelet, architecte du Panthéon,
ont reconnu que lesdites fouilles avoient été faites à une profondeur de
5,23, dont 4,96 dans une masse de gravois, et le surplus dans le sable ;

Y

que les fondations avoient été établies sur le bon sol, au moyen de deux assises de pierre franche provenant de constructions anciennes; que ces deux assises forment ensemble une hauteur de 0,92,7 , y compris un joint qui varie dans son épaisseur de 0,055 jusqu'à 0,13; que ces assises avoient été bloquées contre les terres sans précaution, de telle sorte qu'il y a des parties renfoncées de 0,04 à 0,15; que le limousinage en pierre de meulière, hourdé avec mortier de chaux et sable, avoit été fait avec la même négligence dans la hauteur d'un mètre, et que le surplus a été limousiné en même matière, mais avec le même soin que celui des fondations du mur de face intérieur; que sur ce limousinage, il avoit été placé un cours général de libage, qui diffère dans sa hauteur depuis 0,43 jusqu'à 0,40; que les assises de la retraite des pieds-droits des arcades étoient enterrées par le pavé, de 0,36.

Il a été remarqué dans le limousinage de ces fondations, comme dans celui du mur intérieur qui avoit été visité le 4 janvier, des négligences qui permettoient d'introduire entre plusieurs lits de moellon, une mesure de 0,16 à 0,24.

La Commission a visité ensuite la fouille qu'elle avoit desiré qui fût faite sous les galeries de la Halle, à l'effet de connoître si les fondations des murs de face n'auroient pas été liées entre elles par des murs de refend. Elle a reconnu que cette fouille, exécutée jusqu'à la profondeur de 0,85, n'offroit aucun indice de ces murs; que s'ils avoient existé, ils se seroient apperçus à la profondeur de 0,40, comme les murs en fondations des deux faces. En conséquence, elle a décidé que cette fouille ne seroit pas continuée, et qu'elle seroit remblayée de suite ainsi que celle du mur extérieur.

La Commission, réunie dans le bureau de la Halle, a déclaré qu'étant suffisamment éclairée sur l'état des fondations du monument, elle s'assemblera demain lundi 12, à l'heure ordinaire, dans le lieu de ses séances, et les membres ont signé.

----

# OBSERVATIONS SUR LA HALLE AU BLÉ;

## PAR M. PEYRE, MEMBRE DE LA COMMISSION.

Lorsque la Halle fut construite dans les années 1762 et suivantes, l'on étoit convaincu qu'elle étoit suffisamment grande pour l'approvisionnement de Paris. La cour offoit une libre circulation pour le commerce; et l'on déposoit des farines et du blé dans les greniers comme sous les halles.

Le peu de solidité des voûtes d'arêtes, les effets effrayans qui se manifestèrent de toutes parts, forcèrent de retirer de ces greniers, le dépôt des farines et du blé; et l'on n'y dépose depuis que des avoines, du son et des recoupes.

Il fallut suppléer au défaut de ces greniers, dont la superficie est de quatre cent cinquante toises, et l'on couvrit, à cet effet, la cour, qui a trois cents toises superficielles.

Les voûtes d'arêtes de la Halle, qui sont lézardées le long du mur intérieur et du mur extérieur, le sont plus encore dans leur milieu, entre les colonnes. Ces voûtes, et la voûte annulaire du grenier, agissent ensemble sur le mur extérieur et le font déverser. Ce mur surplombe partout, et il y a des endroits où il surplombe de plus de cinq pouces.

Ces effets, qui se continuent, doivent fixer particulièrement l'attention de la Commission et celle du Gouvernement.

Si ces voûtes étoient réparées, et que les greniers fussent rendus à leur première destination, que la cour fût débarrassée de tout ce qu'on est forcé d'y déposer, et offrit une libre circulation, le commerce s'y feroit facilement et plus grandement que si l'on couvroit cette cour.

Les halles contiennent une superficie de quatre cent cinquante toises, les greniers ont une superficie égale, et la cour a trois cents toises. S'il étoit possible, en couvrant la cour, de laisser les autres parties de ce bâtiment dans l'état où elles sont, l'on n'auroit, pour le commerce ( vu que les greniers sont en quelque façon nuls ), que sept cent cinquante toises de superficie pour déposer les marchandises; au lieu qu'en rétablissant le bâtiment sans couvrir la cour, l'on auroit, dans les halles et dans les greniers, neuf cents toises pour les déposer à couvert ; et la superficie entière de la cour, de trois cents toises, pour la circulation et l'exposition des objets qui ne se vendoient pas jadis à cette Halle, comme menus grains, son et recoupe.

Si l'on construisoit une coupole sur la cour, de quelque manière qu'elle fût faite, il ne faudroit pas moins réparer les voûtes de la Halle et arrêter l'effet d'une puissance qui agit continuellement contre le mur extérieur et sur les voûtes. Il n'est pas douteux que les travaux qu'on feroit pour consolider la construction de cette coupole, occasionneroient un mouvement dans toute la machine, qui accéléreroit les effets et forceroit à faire immédiatement les réparations qui sont déja urgentes.

D'APRÈS ces observations, je pense qu'on devroit s'occuper essentiellement de réparer les voûtes de la Halle, de les consolider de quelque manière que ce soit, et de fortifier le mur du pourtour extérieur. Cette réparation occasionneroit une dépense considérable, peut-être égale à celle de la couverture de la cour, mais il seroit possible de la faire par partie de trois ou quatre arcades. Le service de ces travaux se feroit par l'extérieur, et celui de la Halle ne seroit point interrompu.

FIN.

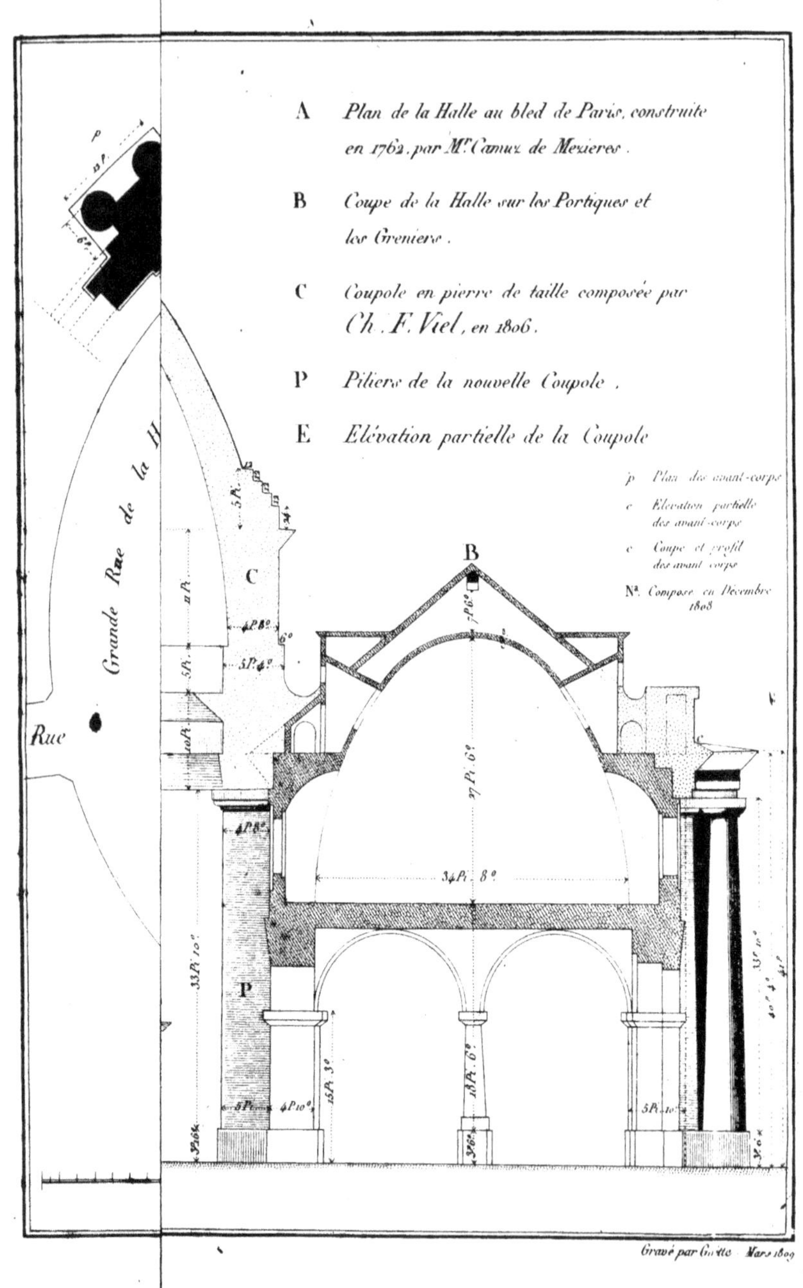

A    Plan de la Halle au bled de Paris, construite en 1762, par M.r Camuz de Mezieres.
B    Coupe de la Halle sur les Portiques et les Greniers.
C    Coupole en pierre de taille composée par Ch. F. Viel, en 1806.
P    Piliers de la nouvelle Coupole.
E    Elévation partielle de la Coupole
p    Plan des avant-corps
e    Elévation partielle des avant-corps
c    Coupe et profil des avant-corps
N.a Composé en Décembre 1808
Grande Rue de la H
Rue
Gravé par Guotte Mars 1809

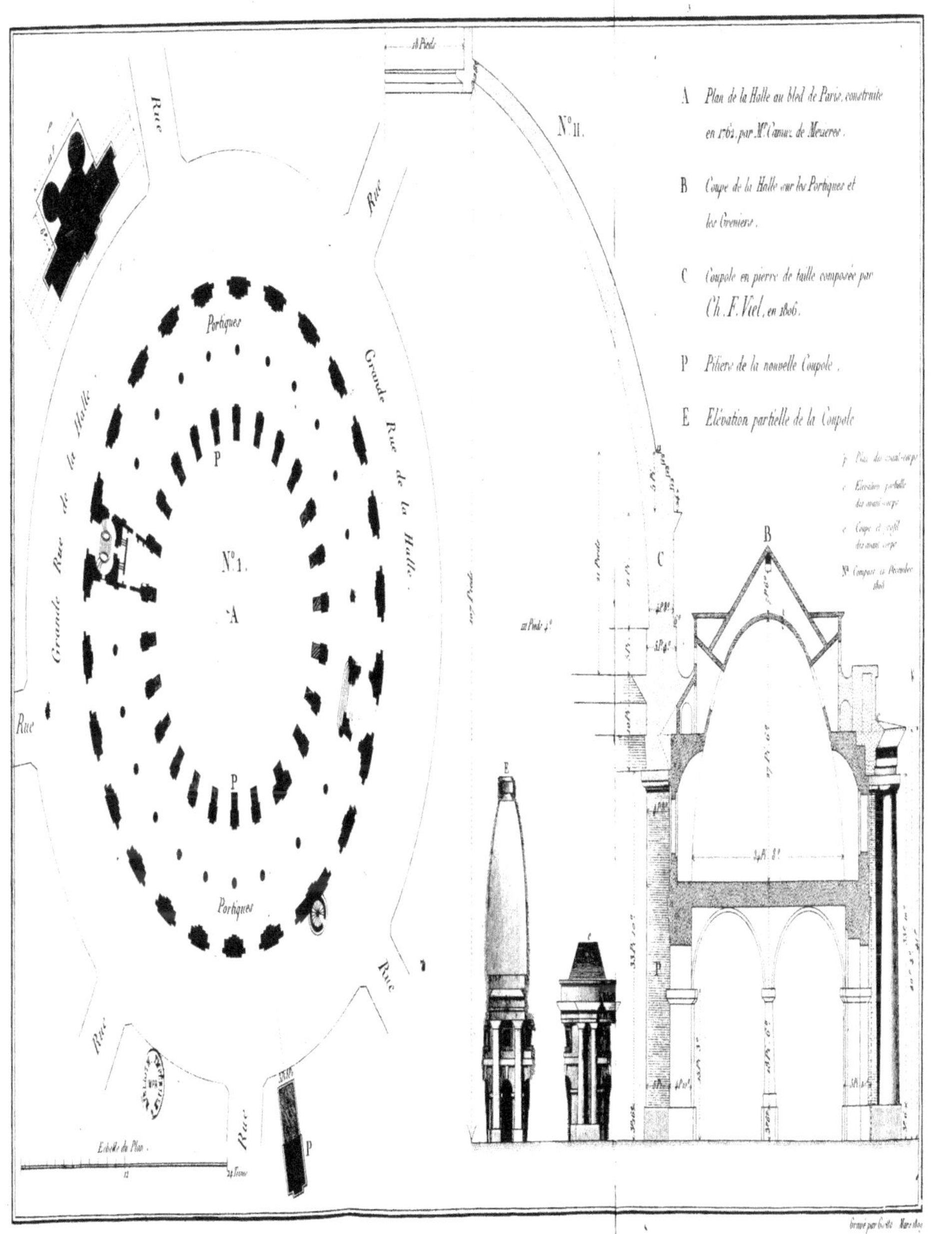

Rue
Rue
Rue
Grande Rue de la Halle
Grande Rue de la Halle
Portiques
Portiques
N.° 1.
A
P
P
P
Rue
Rue
Rue
Echelle du Plan.
N.° II.
A Plan de la Halle au bled de Paris, construite
en 1762, par M.r Camus de Mezieres.
B Coupe de la Halle sur les Portiques et
les Greniers.
C Coupole en pierre de taille composée par
Ch. F. Viel, en 1806.
P Piliers de la nouvelle Coupole.
E Elévation partielle de la Coupole
B
C
P
E